선교사의 여행

선고사의 여행

남북한을 사랑한 메리놀회 함제도 신부 이야기

구술 함제도

기록·정리 이향규 고민정 김혜인

가톨릭동북아평화연구소

추천사

선교사로 사신 삶에 감사드리며

함제도 신부님께서 선교사로서 사신 60년 세월을 담은 책이 나오게 되어 기쁩니다. 산타 할아버지처럼 인자한 모습으로 선물을 잔뜩 주실 것 같은 신부님을 뵐 때마다 기분이 좋았습니다. 제가 함 신부님을 처음 뵌 것은 청주에 군종신부로 있던 동창 신부가 머물던 수동본당에서였으니 벌써 40년이 넘었습니다. 당시 신부님은 그곳 본당신부였는데 너무나 행복해 보였습니다. 어디에서나 행복하게 사셨겠지만 수동에서는 특히 행복하셨다고 합니다.

함 신부님은 센티멘털한 아일랜드인 기질을 타고나셔서 그런지 눈물이 많고 늘 다정다감하셨습니다. 어디에서나 사랑을 주셨고, 모두에게서 받으셨으니 선교사로 사신 지난 60년은 보람 가득한 나날이었다고 생각합니다.

그런 가운데도 신부님의 마음은 늘 북한에 대한 애정과 열정으로 가득하셨습니다. 메리놀회 선배 신부님들이 선교사로 활동하고 살았던 평양교구에 대한 애정과 사명이 대물림되어 아마도 함 신부님 마음에 운명처럼 피어난 게 아닐까 하는 생각이 듭니다. 미국인이었기에 쉽게 갈 수 있는 여건이긴 하지만, 그래도 여든이 넘은 연세에 쉽지 않았을 긴 여행과 북한에서 머무는 동안의 불편이 따랐을 텐데도, 마다하지 않고 아픈 사람을 치료하고 섬기기 위해 떠났던 60여 차례의 여정은 당신께서 북한 선교사로서 살고 싶어 하셨던 삶을 채우고도 남을 일이었습니다.

특히 평양 장충성당에서 미사를 드리며 느끼셨던 감동과 동시에 마음 한구석에서 생겼던, 교회라고 하기에 어설펐던 느낌에 대한 표현, 그리고 장충성당에 대한 신부님의 생각은 참 중요하다고 생각합니다. 저 역시 신부님처럼 그렇게 생각했습니다. 장충성당에 참여한 사람들 가운데 많은 이들이 동원된 사람인 것은 맞는 것 같지만 그 가운데는 참다운 신자도 있다고 생각합니다. 저도 그런 경험을 여러 차례 했습니다. 하느님께서는 그분들을 사랑하시고, 성령께서는 그분들의 마음을 움직이실 것이라 생각합니다. 남쪽 교회가 해야 할 일은 그 신자들이 성장할 수 있도록 도와주는 것입니다.

함 신부님은 이런 말씀도 하셨습니다. 북한을 여러 차례 방문하는 과정에서 북한의 어려운 현실을 보고 마음 아프셨던 신부님은 "그런 것보다 더 가슴 아픈 것은 남한 사람들이 북한 사람들이 겪는 고통에 별로 관심이 없다는 거예요……. 그것도 이제 하느님께 맡겨야 하겠죠."라고요. 신부님의 기도가 우리의 마음을 움직입니다.

남북한의 가난하고 아픈 사람들을 똑같이 사랑하며 선교사로 살아오신 신부님의 지난 60년 삶에 깊이 감사드립니다. 그리고 긴 시간 인터뷰하여 소중한 글로 만들어 주신 가톨릭동북아평화연구소의 강주석 신부님과 이향규, 고민정, 김혜인 세 자매님께도 고마운 마음을 전합니다.

천주교 의정부 교구장
이기헌 베드로 주교

프롤로그

사람들이
함께 사는 것에
관심을 가지면
좋겠습니다

"이 책을 읽고 사람들이 어떤 마음을 갖기를 바라시나요?"
"세상에서 제일 무서운 일은 무관심입니다. 나는 사람들이 함께 사는 것에 대해 관심을 가지면 좋겠습니다. 특히 북한과 북한 사람들을 생각할 수 있게 되면 좋겠습니다."

이 책은 메리놀회˙ 함제도 신부(Fr. Gerard E. Hammond)의 삶 이야기를 적은 것이다. 그는 1960년에 선교사로 한국에 와서 지금까지 이곳에서 살고 있다. 이 이야기는 그가 왜 선교사가 되었는지, 왜 한국에 왔고 그동안 어떤 일을 했는지, 그리고 무

● 메리놀(Maryknoll)의 공식 명칭은 미국 가톨릭 외방전교회(Catholic Foreign Mission Society of America)이다. 총본부가 있는 뉴욕의 오시닝 언덕을 "마리아의 언덕(Mary's Knoll)"이라고 부르는 데서 "메리놀"이라는 이름이 유래했다. 한국에는 메리놀 외방전교회, 메리놀 외방선교회, 메리놀회 등으로 알려졌는데, 이 책에서는 이하 메리놀회라고 통칭하였다.

엇을 기도하는지에 대한 기록이다. 그가 지금 하고 있는 일은 가난하고 아픈 북한 사람들을 돕는 일이다. 지난 30년 동안 그 일을 했고 몸이 허락하는 한 계속할 것이다. 그는 올해 여든여덟 살이다.

선교사에게는 가족이 셋이나 있다고 한다. 태어나 함께 산 가족, 선교회 형제들, 그리고 선교 지역 사람들이다. 그가 한국에서 산 지난 60년 동안 이 가족들은 모두 변하거나 사라졌다. 부모님은 오래전에 돌아가셨고 한국에 메리놀 선교사는 이제 거의 없으며 한국 사람들은 변했다. 이 책은 그 상실과 그리움에 대한 이야기이다. 그 너머 희망에 대한 이야기이기도 하다.

우리는 가톨릭동북아평화연구소의 "한반도 평화를 위한 가톨릭 구술사 채록 2019: 메리놀 외방전교회 함제도 신부님" 프로젝트를 수행하면서, 2019년 8월부터 12월까지 함 신부를 아홉 번 만나서 스무 시간이 넘게 그의 이야기를 들었다. 그 구술 기록(영상 자료, 음성 자료, 녹취록) 원본은 가톨릭동북아평화연구소에 보관되어 있다. 이 책은 그의 이야기가 널리 읽히기를 바라는 마음에, 그 내용을 간추려서 펴낸 것이다. 고민정과 김혜인이 작성한 녹취록을 이향규가 요약하여 재구성하였다.

이 책의 본문은 생애의 흐름을 따라 네 부분으로 이루어져 있다. 1부는 아일랜드계 미국인 제라드 해먼드가 메리놀회 선교사가 되기까지 이야기이다. 가난한 이민자의 삶, 가족 특히 할머니의 독실한 신앙, 소년 제리가 사제가 되는 과정, 그리고 한국과 인연을 맺게 된 평생 친구 장익˙과의 만남을 보여 준다. 1930년대부터 50년대까지 미국의 풍경이 뒷배경으로 깔린다. 아일랜드 가톨릭 이민자에 대한 차별, 흑백 인종차별, 전시 경제 상황을 알 수 있다.

 2부는 그가 한국에 와서 1989년까지 청주교구 함제도 신부로 사는 이야기이다. 한국인 사제가 부족했던 시절, 외국인 선교사가 본당을 어떻게 꾸려 나갔는지를 보여 준다. 한국어를 배우는 과정, 고아원 운영, 북문로성당과 수동성당, 괴산성당의 본당 사제로 했던 일들을 소개하는데, 따뜻하기도 하고 슬프기도 하다. 1960년대부터 70년대까지 가난했던 한국 사회의 모습이 곳곳에 보인다. 5·16 군사쿠데타와 유신 시절에 겪은 소소한 에피소드도 흥미롭다. 그는 파 주교˙˙의 비서로 오랫동안 일했고, 파 주교 은퇴 후에는 청주교구 총대리로 정진석 주교˙˙˙

• 장익(1933-2020)은 메리놀 신학교와 루뱅 신학교에서 공부하였다. 1963년에 사제품을 받았고 김수환 추기경의 비서 신부를 지냈다. 1994년에 주교품을 받았다. 교황청 종교 간 대화평의회에서 일했고 춘천교구 교구장을 지냈다. 대한민국 제4대 부통령을 지낸 장면 박사의 아들이기도 하다.

를 20년 동안 보좌했다. 이 장에서는 사제의 정치 참여에 대한 함 신부의 생각도 엿볼 수 있다. 이 생각은 이후 북한 결핵 환자 지원 사업과 관련해서도 일관되게 유지된다.

3부는 1989년에 메리놀회 한국 지부장으로 임명되어 서울에 살면서 북한에 대한 인도적 지원에 참여하는 일이다. 1995년 기근 이후 북한에 대한 식량 지원과 그 뒤 유진벨 재단과 함께 한 결핵 환자 지원 사업에 대해 다룬다. 그가 경험한 북한 사람들과의 만남은 조심스럽고, 섬세하며, 유머러스하다. 어떤 이야기는 북한에서 있었던 일인데 30~40년 전 남한에서의 기억과 겹치기도 한다. 그가 지금 북한에서 "선교"를 하고 있는 것은 아니지만, 그의 이야기는 북한 선교에 대해 생각할 거리를 제공한다. 장충성당 미사와 관련된 이야기는 거리를 두고 보면 흥미롭고, 가까이서 보면 안타깝다. 그는 북한 사람에 대해 이야기하고 있지만, 사실 마음은 남한 사람에게 향해 있는 것 같

•• 제임스 파르디(James Pardy) 주교(1898~1983)는 초대 청주 대목구장(1958~1962), 초대 청주 교구장(1962~1969)을 지낸 메리놀 선교사이다. 1932년에 평안북도에 파견되어 1942년에 일제에 의해 추방되기 전까지 신의주본당에서 사목하였다. 파 주교는 평생 북한으로 돌아갈 수 있기를 바랐고, 그 마음은 함 신부에게 큰 영향을 미쳤다.
••• 정진석 주교(1931~)는 제2대 청주 교구장(1970~1998)을 지냈다. 1998년 대주교로 임명되어 서울 교구장과 평양 교구장 서리가 되었다. 2006년에 추기경으로 서임되었다. 김수환 추기경에 이어 한국의 두 번째 추기경이다.

다. 그 마음결이 읽힌다.

　4부는 메리놀회 사제관을 떠나면서 느끼는 함 신부의 소회이다. 한국 메리놀회에는 지난 35년간 새로운 선교사가 오지 않았고 남아 있는 선교사는 이제 손가락으로 꼽을 만큼 적다. 다들 연로하다. 한국 지부는 운영이 어려워졌다. 사제관에 사는 함 신부와 다른 선교사는 올해 초에 이사했다. 마지막 인터뷰는 이사를 얼마 남기지 않은 시기에 이루어졌다. 함 신부는 이날 이 구술 생애사 프로젝트를 하면서 경험한 자신의 "영적 여행"에 대해 들려줬다. 이 장은 그 마지막 인터뷰를 정리한 것이다. 여기에서 들려주는 에피소드는 물리적인 사건이 아니라 그 안에 담긴 마음으로 읽힌다. 그의 두려움, 그가 진 십자가, 은총과 감사함이 묵상하듯 전해진다. "선교사"라는 말이 깊이 울린다.

　책의 뒷부분에 이 프로젝트에 참가한 연구자들의 후기를 실은 것은 이 작업이 결국 "대화"였기 때문이다. 대화는 독백과 달리 듣는 사람이 있다. 우리는 주로 들었지만 고개를 끄덕이기도 하고 궁금한 것을 되묻기도 하면서 신부님과 대화했다. 후기는 들은 사람의 기록이다. 그의 말이 들은 사람의 마음에 어떤 씨앗을 뿌렸는지에 대한 이야기일 수도 있겠다.

이 이야기가 독자의 마음에도 여린 싹 하나 틔워 낼 수 있다면 정말 좋겠다.

2020년 여름,
연구진을 대표해서 이향규 씀

차례

추천사 • 5

프롤로그 • 9

1부 삶은 기차여행입니다
가족 • 21 | 월든 자비 학교(1939~1947) • 27
메리놀 소신학교(1947~1951) • 31 | 메리놀 신학교(1951~1960) • 37
선교지, 한국 • 45 | 한국으로 가는 긴 여행(1960) • 47

2부 선교사의 로맨스
도착 • 57 | 한국어 수업 • 59 | 첫 성탄 • 64 | 청주교구 발령 • 67
5·16 군사쿠데타 • 72 | 성심고아원(1961~1963) • 76
파 주교님 • 81 | 북문로본당 주임신부(1964~1966) • 87
수동본당 주임신부(1966~1982) • 91 | 청주교구 총대리(1970~1989) • 100
가정 방문 • 104 | 교황 훈장 서훈(1980) • 106
괴산본당 주임신부(1982~1989) • 109 | 절망과 무력감 • 116

3부 동무, 동지, 신부 선생, 할아버지

메리놀회 한국 지부장 • 127 ǀ 북한 방문 • 130
장충성당 미사 • 133 ǀ 북한을 지원하는 마음가짐 • 140
유진벨 재단의 결핵 환자 지원 사업 • 144 ǀ 내가 만난 북한 사람들 • 150
북한 선교의 소망 • 162

4부 선교사의 자리, 선교사의 마음

두려움 • 173 ǀ 십자가 • 176 ǀ 연민 • 179 ǀ 떠남 • 184 ǀ 야전 병원 • 188
존엄과 존중 • 192 ǀ 어머니 • 199 ǀ 남은 일 • 206

에필로그

당신은 진보입니까, 보수입니까?(이향규) • 212
미국인 선교사 할아버지의 마음을 가늠해 보다(고민정) • 223
선교사의 발자취에 손을 얹어 보았다(김혜인) • 232
당신은 어떤 종류의 선교사입니까?(강주석) • 241

함제도 신부가 선교사로 살아온 길 • 246

일러두기

1 이 책은 가톨릭동북아평화연구소의 "한반도 평화를 위한 가톨릭 구술사 채록 2019" 프로젝트를 수행한 결과물이다.
2 2019년 8월부터 12월까지 메리놀회 함제도 신부님을 아홉 번 인터뷰한 구술 기록(영상 자료, 음성 자료, 녹취록)을 기초로 이향규, 고민정, 김혜인이 요약하고 재구성하였다.
3 본문의 주는 연구진과 편집자가 1차 정리한 뒤 함제도 신부님과 가톨릭동북아평화연구소의 확인을 거친 것으로 역사적 흐름, 가톨릭 용어 등에 대한 이해를 돕기 위해 마련하였다.
4 인명과 지명을 포함한 외래어는 원칙적으로 국립국어원의 외래어 표기법을 따랐으나 이미 굳어진 몇몇 경우는 예외로 하였다.

1부

삶은
기차여행입니다

가족

우리 가족은 아일랜드 이민자 가정이에요. 몇 세대에 걸쳐서 서서히 미국으로 이주해 왔죠. 옛날에 이민을 오면 한 명이 먼저 와서 어느 정도 정착한 뒤 다른 한 명이 따라오고 그렇게 했었지요. 그래서 몇 년씩 걸렸어요. 우리 할머니 이름은 되블린 웰시예요. 할머니는 10형제 가운데 막내였죠. 할머니는 웨일스 출신인 윌리엄 바와 결혼했어요. 그래서 우리 어머니가 결혼하기 전에 쓰던 성은 "바"였지요. 할아버지는 철도 회사에서 일했는데 육체노동은 아니었고 경리를 봤대요.

 당시 아일랜드 사람들은 직장을 잡기가 매우 어려웠어요. 그때는 와스프(WASP)라고, 백인(white), 영국계 앵글로 색슨(Anglo‑Saxon), 개신교(Protestant) 사람들이 주류였어요. 우리는 가톨릭을 믿는 아일랜드 사람이라서 사람들이 싫어했죠. 아일랜드 사람은 무식하고 가난하고 술을 많이 먹는다는 편견이 있어서 일자리를 안 줬어요. 어떤 채용공고에는 "아일랜드 사람은 지원할 필요 없습니다(Irish needs not apply)."라고 쓰여 있었어요. 가톨릭교도, 유대인, 흑인, 이렇게 세 집단이 다 환영을 못 받았지요. 모든 이민자들은 다 고생하지요. 한국 사람들도 미국에 이민 가면 세탁소하고 네일 가게하고 그렇잖아요. 아일랜드 사람들은 경찰관, 소방관, 철도 노동자를 제일 많이 했어요. 다른 일자리가 없었죠.

어떤 직장은 개신교로 개종하면 월급을 더 많이 주겠다는 데도 있었어요. 그래서 할머니의 막내 오빠가 개신교에 입교했지요. 제 증조할머니는 아들을 다시는 보지 않았어요. 개신교도가 된 그분은 그 뒤로 집에 올 수도 없었어요. 제 기억에 우리 증조할머니, 그러니까 그분의 어머니가 돌아가셨을 때도 처음에는 집에 오지 못했어요. 그때는 장례식장이 없어서 시신을 다 집에 모십니다. 응접실에 있었어요. 아들이 왔는데 어머니를 보러 들어오려면 자기 교단 반지하고 핀을 밖에 놔두고 들어와야 했어요. 저도 조금은 기억이 나는데, 아주 엄했지요. 이 사람이 자기들을 배반했다고 생각했어요. 그래서 많이 울었어요. 온 가족이 울었지요. 지금도 저는 개신교 사람을 만나면 마음이 약간 찡해요. 유진벨 재단에서 목사님들을 만날 기회가 많은데 내색은 안 해도 마음이 좀 찡해져요.

우리 아버지, 버튼 헨리 해먼드(1907~1993)는 어머니 마리아 클라라 해먼드(1912~1975)를 대학에서 만났어요. 아버지는 빌라노바 대학을, 어머니는 템플 대학을 졸업했어요. 두 분은 1932년에 결혼했어요. 그땐 미국이 경제적으로 아주 어려웠어요. 일자리가 없었죠. 아버지는 원래 의사가 되고 싶어 했어요. 어머니는 교사가 되고 싶었고. 그런데 직장을 구할 수가 없어서, 아버지는 담뱃가게에서 일하고 어머니는 백화점에서 일했어요. 나는 필라델피아 오버브룩에서 1933년 8월 15일에 태어났어요.

우리 집에는 할아버지, 할머니, 부모님, 나, 그리고 두 여동생 테레사와 안나와 같이 살았어요. 집을 샀는데 달마다 할부금을 갚아야 했지요. 그 시대는 2주일마다 급여를 현금으로 받았어요. 테이블에다 할아버지 아버지 어머니가 번 돈을 다 놓고, 은행에 갚아야 할 돈을 따로 놔두고 남은 돈으로 생활했었지요. 지금도 기억이 생생합니다.

부모님이 맞벌이를 해야 해서 할머니께서 저를 키우다시피 했습니다. 할머니는 신앙심이 깊은 분이셨어요. 할머니의 10형제 가운데 교구 사제가 둘이나 있었고 수녀님도 둘이나 계셨습니다. 우리 시대에는 교회에 많이 의지했었죠. 아이리시니까 교회밖에 생각 안 했지요. 아일랜드 사람들이 많이 다니는 성당이 우리 집 가까이에 있었어요.

　우리 할머니는 걸음마를 막 뗄 때부터 저를 데리고 아침마다 성당에 가셨어요. 한국 할머니들도 성당에 열심히 나가잖아요, 할머니들은 다 그래요. 당시에는 가기 싫어했던 것 같아요. 그래서 할머니께서 기도드릴 때면 성당 안을 구경 다녔어요. 성당 지하실에도 가고 고해실 안도 보고. 옛날에는 고해실 안을 커튼으로 가렸어요. 대여섯 살 때 그걸 활짝 열었는데 신부님이 계셔서 깜짝 놀란 적도 있어요. 재미있는 에피소드는, 성당에 있는 동굴상 앞에 촛불이 켜져 있었어요. 열 개쯤 되었을 거야. 할머니가 기도하고 있는데 제가 그 촛불을 보고 "예수님, 생일 축하해요!" 하고 큰 소리로 말했지. 촛불이 켜져 있어서 생일인 줄 알았어요. 우리 가족은 모두 저녁 식사 후에 식사를 마친 그 자리에서 묵주기도를 바쳤어요. 저는 밖에서 놀고 싶었지요. 밖에서 친구들이 "제리. 제리!" 하고 불러요. 그때 나가 놀고 싶은데 얼마나 할머니 눈치가 보이던지. 하하.

　나중에 알게 됐는데 제가 태어났을 때 할머니하고 어머니가 저를 제대에 봉헌했대요. 태어날 때 어머니가 너무 고생하다가 제왕절개 수술로 겨우 낳았대. 건강하게 낳아서 감사하다고 제대에 봉헌한 거지. 두 분은 제가 신부가 되기 전에는 이 이야기를 해 주지 않으셨어요. 신부가 된 다음에서야 알려줬지요.

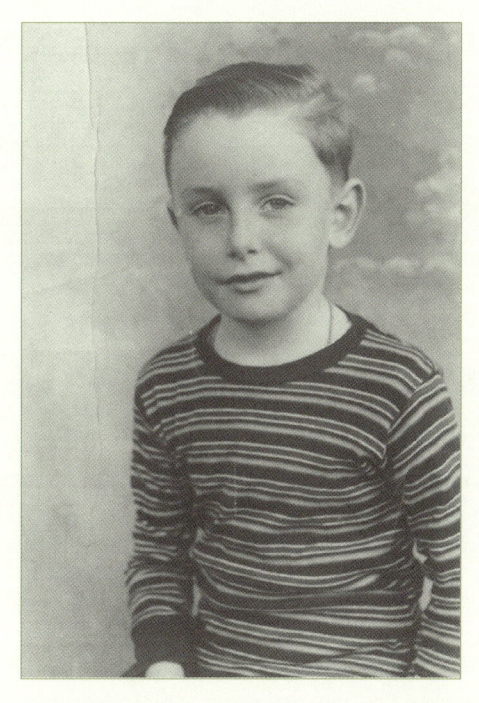

5살 무렵의 제리. 1938.
우리 할머니는 걸음마를 막 뗄 때부터
저를 데리고 아침마다 성당에 가셨어요.
한국 할머니들도 성당에 열심히 나가잖아요.
할머니들은 다 그래요.

할머니께서는 1962년에, 제가 청주에 있을 때 암으로 돌아가셨어요. 할머니는 나중에 호스피스 병원에 계셨어요. 저는 지금도 할머니에게 보내는 편지를 몇 개 가지고 있어요. 그 시대에는 미국과 연락하기가 퍽 어려웠어요. 미국에 전화하려면 서울 중앙우체국에 가서 신청해야 했어요. 국제 전화 신청하면 중앙우체국 어디서 전화 받는지 안내해 주었지요. 그래서 한 달에 한 번씩 서울에 올라와서 전화했어요. 굉장히 비쌌어. 할머니가 돌아가셨다는 전보를 파 주교님이 주셨는데 그때를 선명하게 기억하고 있어요. 방에 가서 많이 울었어요. 저는 울보예요.

1962년이면 제가 한국에 온 지 2년밖에 안 됐을 때예요. 규칙에 의하면 미국에 갈 수 없었어요. 첫 휴가로 미국을 방문한 것은 1966년이에요. 원래 우리 선교사는 10년에 한 번씩 휴가를 받는데 제2차 바티칸공의회˙에서 6년으로 조정되었지요. 그런데 한국에 있었던 그 첫 번 6년 동안 할머니 할아버지가 돌아가셨어요. 그래서 두 분 장례식에는 다 못 갔어요.

• 1962년에서 1965년까지 교회 쇄신을 위해 전 세계 가톨릭 주교들이 모여서 진행한 회의

월든 자비 학교 1939~1947

제가 태어난 필라델피아 오버브룩에는 루르드 성모님 성당이 있었고, 다른 성당들도 있었어요. 성 갈리스토성당이 우리 본당이었는데 저는 1938년에 성 갈리스토 문법학교(St. Callistus Grammar School)에 입학했어요. 그다음에는 월든 자비 학교에서 2학년부터 8학년까지 공부했지요. 이 학교는 필라델피아 주의 공립학교가 아니고 교회학교예요. 1947년에 거기를 졸업했어요.

필라델피아에는 이민자들이 많았어요. 이민자 가운데 특히 가톨릭 신자들이 많았지요. 그래서 본당마다 초등학교를 만들었어요. 왜냐 거기에서 교리를 배워야 하니까. 그리고 그다음 단계로는 교구별로 고등학교를 만들었어요. 큰 고등학교는 선생님들이 많이 필요하니까 수도자들이 함께 운영했지요. 예를 들어 성 요셉 수녀원에서 몇 명, 자비 수녀원에서 몇 명씩 그런 식으로. 교구에서 학교를 운영하고, 수녀님 생활비를 마련하고, 그렇게 해 줬어요. 필라델피아는 가톨릭 학교 시스템이 아주 좋았어요. 이민자들이 본당별로 초등학교를 만들고, 교구에서 고등학교를 만드는 시스템으로.

월든 자비 학교에 다닐 때 학교에는 수녀님들이 서른 분 정도 계셨어요. 그분들은 우리에게 선교사에 대해서 많이 이야기해 주셨어요. 해외 선교를 위한 모금도 했어요. 우리 교복 색상이 파랑 노랑, 금색인데, 색깔별로 팀을 만들었어요. 그래서 사순절*이나 대림절** 동안에 아이들이 절약하고 희생해서 마련한 돈 5센트, 10센트를 아침마다 팀별로 모았어요. 그건 중국에 있는 어린아이들을 위해서 모으는 것이었어요. 우리는 남을 위해서 생각하는 것을 배웠지요. 메리놀회는 1918년 때 중국에 선교사로 갔었어요. 내가 초등학교를 다녔던 1938년에 중국을 생각하는 사람들은 많지 않았어요. "중국은 교회가 약하니까 우리가 도움을 줘야 한다." 수녀님들이 그렇게 이야기했지요. 그걸 수녀님에게서 듣고 나도 선교사를 생각했던 것 같아요.

우리는 수녀님들한테 교리를 배웠어요. 그런데 나는 집에서 할머니한테 미리 배웠지요. 할머니가 자꾸 물어보면서 교리를 얼마나 외웠는지 확인했지. 그래서 학교에서 수녀님이 가르칠 때는 이미 다 외웠잖아요.

학교 정문 앞에 "하느님과 나라를 위해서(For God and Country)"라는 말이 쓰여 있었어요. 이민 오는 사람이 많으니까 신앙이 중요했어요. 그 시대에는 텔레비전도 없고 교회가 중심이었어요. 그래서 저녁마다 본당에 걸어갔어요. 저녁기도 하러. 9일

---

* 그리스도의 수난을 기억하는 교회의 절기로 부활절 전 40일.
** 그리스도의 탄생을 준비하는 교회의 절기로 성탄 전 4주간.

기도, 어떤 성인을 위한 기도, 이런 게 저녁마다 있었어요.

제가 여덟 살 때 전쟁이 시작되었어요. 1941년 12월 7일에 일본이 진주만을 공격했지요. 옛날에는 텔레비전은 없고 라디오만 있었어요. 그날은 일요일이었어요. 일본에 대한 감정이 아주 나빴지요. 주말인데 폭격했으니까. 전쟁은 어느 날에나 다 나쁜 거지만 하필 주일에 전쟁이 났지요. 그리고 며칠 뒤에 미국은 독일하고 전쟁을 시작했지요. 왜냐하면 2차 세계대전에서 독일, 일본, 이탈리아가 동맹국이었으니까.

전쟁으로 많은 것이 바뀌었어요. 1939년에 유럽에서 전쟁이 시작됐을 때만 해도 미국 사람들의 삶은 별로 바뀌지 않았어요. 그때는 미국이 전쟁에 참전하는 것에 반대하는 사람들이 굉장히 많았어요. 유럽 국가처럼 하지 말자고. 그런데 1941년 12월 7일에 전쟁이 시작되니, 참전하고 싶지는 않았으나 하게 되었지요. 지금도 기억하고 있어요. 사람들의 마음가짐이 변했지요. 이제 모든 물건들, 고기, 버터, 밀가루나 다른 것들을 다 배급받았어요. 심리적으로 모두 전시 상황에 들어갔어요. 담배, 술도 마찬가지로 배급받았지. 표시가 있었어요. 동전 크기만 한 동그란 빨간 건 고기고, 다른 색은 채소고. 하여튼 배급이 시작되면서 사람들의 마음도 바뀌었어요. '아! 우리는 군인들을 위해서 희생해야 한다.' 제 생각에는 배급 제도는 그래서 만든 것 같아요. 사실 배급 제도는 꼭 필요하지 않았는데, 그렇게 해서 사람들의 멘털리티(심성)를 바꾼 것 같아. 전쟁 중에는 자동차 전조등도 새까맣게 만들었어요. 야간 폭격에 대비하는 거지요. 우리도 학교에서 사이렌이 울리면 다들 책상 밑으로 들어갔지요. 그리고 모든 가정이 주일에는 군인 한 명에게 저녁 식사를 대접하는 것이 의무였어요. 필라델피아는 바다 옆에 있으니까 해군들을 대접했죠. 우리 집도 했어요. 다 협력했어요. 군인들이 저렇게 희생하는데 우리도 도와야 한다는 생각이 강했지요.

미국은 그때 가난했어요. 그렇지만 아이들은 가난하다고 생각하지 않았어요. 다 가난했으니까. 그 시대의 습관은, 주는 음식은 무조건 다 먹어야 해요. 안 먹겠다고 하면 안 돼요. 어릴 적에 밥 먹을 때가 생각나는데, 할머니, 할아버지, 아버지, 어머니, 나와 여동생 테레사가 같이 저녁을 먹다가 테레사가 나한테 혀를 내밀고 메롱을 했어. 그래서 내가 완두콩을 한 알 던졌지. 그랬다가 엄청 야단맞았던 기억이 있어.

그래도 그때는 가난했지만 인색하지는 않았지. 손님이 오면 할머니는 에프에이치비(F.H.B)라고 말했어. 그건 패밀리 홀드 백(Family Hold Back)의 약자인데, 손님이 먼저 드시고 가족은 물러나 있어야 한다는 거지. 우린 적게 먹어야 해요. 밖에서 손님이 오실 때면 언제든지 그걸 생각했어요.

우린 주일에는 잘 먹었어요. 닭고기나 양고기를 먹었죠. 아일랜드 사람들은 양 다리 고기를 참 좋아해요. 고기를 날마다 먹을 수 있는 것은 아니었어요. 그러나 주일에는 화려했지. 우리는 가난하다고 생각하지 않았어. 동네 사람들도 다 그렇게 살았으니까. 다들 골목에 나와서 놀았었지.

메리놀 소신학교 1947~1951

초등학교를 졸업한 뒤에 줄곧 메리놀회에서 만든 학교를 다녔어요. 제가 메리놀회에 대해 처음 알게 된 것은 우연이었어요. 물론 초등학교 때 수녀님이 메리놀회에 대해 이야기해 주어서 듣기는 했지만 깊이 생각하지는 않았죠. 그런데 어느 날 어머니가 일하는 백화점에 어떤 신부님이 "메리놀 사람들(Men of Maryknoll)"이라는 메리놀회 책자를 소개하러 왔어요. 어머니가 우연히 그 책을 샀어. 그리고 제게 주었지요. 어쩌면 그게 계기가 된 것 같아요. 그래서 내가 메리놀회 신부가 된 것은 어머니가 책임져야 해요. 하하.

1947년에 메리놀 소신학교에 들어가서 1951년까지 4년 동안 다녔어요. 소신학교는 고등학교에요. 사제가 되는 교육은 이때부터 총 13년이 걸렸지요. 소신학교 4년, 대학교 4년. 대학교는 뉴저지의 레이크우드(Lakewood)에서 2년, 시카고의 글렌 엘린(Glen Ellyn)에서 2년 다녔어요. 그다음에는 수련 1년, 그다음에 신학교 대학원 과정 4년, 다 더하면 13년이죠.

아버지는 제가 소신학교에 갈 거라고 생각하지 않으셨어요. 좋아하시진 않았지만 그래도 크게 반대하지도 않았어요. 소신학교 간다고 다 신부가 되는 건 아니니까. 한 50퍼센트만 신부가 되었어요. 아버지는 내가 그냥 고등학교에 간다고 생각했던 것 같아요.

소신학교는 펜실베이니아의 스크랜턴이란 곳에 있었어요. 그게 우리 집에서 160킬로미터쯤 떨어져 있었어요. 가족과 떨어지게 되었지. 한 달에 한 번 가족 면회가 가능했어요. 그때 경험이 있어서, 나는 한국에서 군대 간 자식들 면회 가는 부모님 심정이 이해가 돼요. 다들 자식이 좋아하는 음식을 해 오잖아. 한국에 와서 비슷한 점을 많이 봐요.

소신학교에서 평생의 친구 장익을 만났습니다. 장익과 같이 이야기를 많이 했어요. 한국에 가겠다고 마음먹은 것은 장익을 만난 다음이에요. 초등학교에 다닐 때 수녀님들이 해외 선교를 말씀하실 때는 주로 중국 선교였거든요. 장익이 제게 한국에 가자고 했죠.

장익 주교는 제 "불알친구"예요. 1951년부터 지금까지 친구

부모님의 메리놀 소신학교 방문. 1948 어머니날.

삶은 기차여행 같습니다.
기차표를 내고 열차에 태운 사람은 우리 부모님입니다.
이 여행 동안 언제나 우리와 함께해 줄 거라고 믿었는데……
어느 역에선가 기차에서 내리셨습니다.

니까. 우리끼리 있으며 이름 불러요. 장익은 저를 "제리"로. 저는 장익을 "장"이라고 불러요. 장익 주교를 처음 만났을 때를 기억합니다. 1951년이었는데 그때 장익은 영어를 잘하지 못했어요. 아주 뜨문뜨문 말했죠. 장익이 사실은 사전을 다 외우고 있었어요. 머리가 아주 좋아요. 영어를 아주 빨리 배웠어. 어휘를 다 기억하고 있었어요. 그다음에 우리는 프랑스말도 배웠는데, 장익은 빨리 배워서 금방 우리 반에서 1등이 됐지. 나는 장익과 아주 친했어요. 늘 옆에 앉았죠. 장익은 운동도 아주 잘 했어요. 우리한테 축구를 가르쳤잖아요. 우리는 축구 잘 안 해요. 미국 사람들은 원래 다리 쓰는 운동을 잘 안 하지요. 우린 야구나 농구를 하지, 축구는 별로 없었어. 장익은 축구를 잘했어요, 한국인이니까.

재미있는 에피소드인데, 방학 때 제가 장익을 우리 집에 초청했어요. 할머니는 동양 사람을 한 번도 만나본 적이 없었어요. 누가 "동양 사람은 밥을 많이 먹는다."고 했나 봐. 그래서 쌀밥을 많이 준비했지. 반찬도 없이 밥만. 반찬이라고는 우리가 먹는 옥수수 그런 거 놔두고.

장익과 나는 많은 것을 함께 의논했어요. 나중에 대신학교에 가는 것도 의논했지. 그래서 소신학교 졸업하고 같이 레이크우드로 간 거예요. 우리는 뉴저지 레이크우드에서 2년 동안 같이 공부하고, 그 뒤 시카고에서 2년 동안 같이 공부했지요. 그다음

수련 기간에 서로 헤어졌죠. 나는 매사추세츠로 가고, 장익 주교는 벨기에의 루뱅으로 갔죠. 루뱅에서 공부하고 독일 인스브루크에서도 공부했었죠. 나중에 김수환 추기경님을 위해서 독일어로 쓰는 편지는 모두 다 장익 주교님이 준비했었지. 하여튼 불어, 이탈리아어, 독일어를 아주 잘 해요.

소신학교에서 가르치는 선생님들은 메리놀회 신부들이었어요. 서품을 받고서 해외에 나갔다가 돌아온 신부들이 많았어요. 중국, 한국, 일본, 만주, 필리핀이 주요 선교지였지. 그분들은 자기들이 선교지에서 살았던 이야기를 해 주었지요. 또 선교지에 파견되었다가 첫 휴가를 받아서 돌아온 신부는 누구나 소신학교에 와서 특강을 했어요. 그걸 들으면서 학생들은 사제가 될 마음을 길렀죠.

메리놀 소신학교를 우리는 버나드 소신학교라고 불렀어요. 버나드가 누구냐면 태국과 인도네시아에서 활동하다 순교한 파리외방전교회 선교사 성 베나드 신부님(Saint Jean-Théophane Vénard)이에요. 순교자 정신은 메리놀 사상이었어요. 메리놀회 선교사 중에는 옛날에 중국에서 순교한 신부도 있고, 또 만주에서 납치된 신부도 있어서 우리는 순교자 정신을 많이 이야기했어요. 그래서 아직까지 내게 그 영향이 남아 있는 것 같아요. 자주 생각나지요. 나는 하여튼 좋은 신부가 되기 위해서 희생

필라델피아 집 앞에서 할머니, 어머니와 함께. 1951.
제가 태어났을 때 할머니하고 어머니가 저를 제대에 봉헌했대요.
두 분은 제가 신부가 되기 전에는 이 이야기를 해 주지 않으셨어요.
신부가 된 다음에서야 알려줬지요.

해야 한다, 어려운 일도 해야 한다고 생각했어요. 영성 지도할 때도 그런 이야기를 많이 했지요. 어렸을 때부터 집에서도 그렇게 생활했어요.

옛날에 우리 선교사들을 처음 본 한국 할머니들은 선교사들이 미국에서 편하게만 살아서 힘든 일은 하지 못할 거라는 편견이 있었어요. 제가 한국에 처음 왔을 때도 부자 나라인 미국에서 온 부자 샌님이라고 생각했는지 뭐든 대신해 주시려고 했어요. 그래서인지 낯선 외국인 신부가 어려운 일을 묵묵히 잘 헤쳐 나가는 것을 보고 이상하게 생각했죠. 사실 전 부자가 아니었거든요. 하하. 우리는 어렸을 때부터 엄하게, 어렵게 컸어요. 그래서 우리는 웬만한 어려움은 특별하게 여기지 않았어요.

메리놀 신학교 1951~1960

소신학교를 졸업한 다음에는 메리놀 신학교에 갔어요. 대신학교에 들어갈 때는 아버지가 반대했어요. 아버지는 당신이 고등교육까지 받았는데도 좋은 직업을 가지지 못해서인지 제가 의사가 되기를 바랐어요. 고등학교까지는 괜찮은데 대학교까지 신학교에 가는 것은 그만하라고 하셨어요. 그래서 대신학교를 간 처음 2년 동안은 집에 가도 아버지와 거의 말을 하지 않았어요. 나도 고집이 있으니까. 아버지는 나중에 제가 사제가 되고 해외 선교사가 되겠다고 할 때도 반대하셨어요. 외국에 나가느니 차라리 교구 사제가 되기를 희망하셨죠. 그런데 메리놀회는 외방 선교만 하니까. 아버지가 저한테 실망을 많이 했어요. '어째서 외국에서 선교하려는지' 이해하지 못하셨어요. 아버지는 "우리 아들은 할 줄 아는 게 없는데 어떻게 남을 위해서 살 수 있겠느냐"고, "혼자서는 전구도 바꿔 끼지 못하는데 해외 선교지에서 어떻게 혼자 생활하느냐"고 걱정하셨어요. 사실 아버지는 아들이 부족한 거를 누구보다 잘 아셨지. 난 그때, "뭐 누군가 도와주는 사람이 있겠지요." 하고 이야기했어요. 전구 가는 것도 누군가 도와줄 거고. 난 기쁘게 살고 싶었어요. 그게 중요한 일이지요.

내가 다닌 메리놀 대학교는 캠퍼스가 두 군데 있어요. 동부에 하나 중부에 하나. 처음 2년 동안은 뉴저지 주의 레이크우드에 있는 메리놀 신학교에, 3~4학년 때는 일리노이 주 글렌 엘린에 있는 메리놀 신학교에 갔어요. 이 학교는 시카고 변두리에 있어요.

대학교에서는 신학교 교육 과정을 배웠어요. 교회법, 윤리학, 신학, 성사 공부하고. 교육 과정은 전 세계 신학교가 똑같죠. 신학교 때는 여름방학 때마다 사회봉사 겸 노동을 했어요. 여름

수단을 처음 입은 날 어머니와 함께. 1953.

어느 날 어머니가 일하는 백화점에 어떤 신부님이 메리놀회 책자를 소개하러 왔어요. 어머니가 우연히 그 책을 사서 제게 주었지요. 그래서 제가 메리놀회 신부가 된 것은 어머니가 책임져야 해요. 하하.

방학은 3개월이었어요.

1학년 때 캘리포니아에 있는 농장에서 일했어요. 불법 노동자들과 함께 일했죠. 우리는 그래서 스페인 어를 배웠지요. 캘리포니아에 갈 때 우리는 차를 빌려서 대륙을 횡단했어요. 시카고 가서 노스다코타, 사우스다코타를 지나고, 캘리포니아, 샌프란시스코, 로스앤젤레스로 갔었지. 가는 길에는 어디든지 성당이 있었어요. 성당을 방문해서 아침 미사를 보고 나면 신부님들이 언제나 아침 식사를 공짜로 해 줬지요. 어떤 때는 저녁에도 잘 대접받고. 점심만 해결하면 되니 가게에서 식료품을 사서 아이스박스에 넣어서 보관해 두었다가 간단하게 점심을 해결하곤 했어요. 농장일 마치고 학교로 올 때는 캘리포니아부터 텍사스, 루이지애나, 조지아 남부를 돌아서 왔어요.

신학교 2학년 때는 남부에서 흑인들을 가르쳐야 했어요. 교리하고 셈하는 법하고. 우리는 사우스캐롤라이나의 찰스턴 지역에 갔어요. 남부의 흑인들 생활하는 것을 보니 북쪽과 차이가 커서 놀랐어요. 그 당시에 필라델피아나 워싱턴디시에서 기차를 타면 흑인 백인 구별 없이 다 같은 차 안에 있었거든요. 그런데 남부에서는 흑인들과 백인들이 다 다른 칸에 있는 거예요. 역에 백인 전용(White only), 흑인 전용(Black only) 표시가 있어요. 버스에도 표시가 있어요. 흑인들은 뒷자리에 앉아야 했고 앞에 앉을 수가 없었어요. 영화 볼 때도 아래층에는 백인, 위층에는 흑인 이렇게 앉고. 부끄러운 이야기지만 교회라고 다르지 않았어요. 교회 안에서 흑인들은 뒤쪽에 앉아야 했고, 백인들이 앞에 앉아 영성체도 먼저 했지요. 남부는 그 당시에도 흑인을 노예처럼 생각했어요.

그때 흑인에 대한 차별은 아주 심했어요. 우리 메리놀회 일년 선배님이 서품 받을 때 캘리포니아에서 왔는데 여관에서 흑인이라고 안 재워 줬어요. 우리 집이 그때 신학교에서 가까웠어요. 그래서 우리 집에 묵게 되었지요. 그런데 나중에 할머니가 우리 동네 사람에게 막 욕을 먹었어요. 왜 흑인을 재워 줬냐고. 할머니는 맨날 교회에만 사셨던 분이니까 좋은 뜻에서 했는데 놀랬지요. 욕한 사람은 앵글로 색슨 백인이고 교회는 안 다니는 사람이었는데, 나는 아주 분했어요. 할머니는 동네 사람들이 욕하니까 나중에 울었어요. 그런 시절이었어요.

3학년 때는 병원에서 일했어요. 레지던트 의사처럼 스물네 시간 동안 병원에 있었어요. 사람이 다쳤을 때 의사 대신 상처를 꿰맬 수 있을 정도였어요. 지금은 오랫동안 안 해서 처치를 못 하지만 그 당시에는 할 수 있었어요. 당시 우리는 병원에서 의사와 똑같이 흰옷을 입었어요. 의사와 다른 점이 있다면 구두였어요. 의사들 구두는 흰색, 우리 구두는 검은색. 그것만 달랐지요. 또 환자가 임종하면 장례하는 거, 뭐 여러 가지 일을 했었지.

동료 신학생들과 함께 식사. 오른쪽에서 네 번째가 단짝 친구 장익. 1954.

소신학교에서 평생의 친구 장익을 만났습니다.
한국에 가겠다고 마음먹은 것은 장익을 만난 다음이에요.
장익이 제게 한국에 가자고 했습니다.

사제 서품을 받은 선배 사제의 축복. 1959.

그때 흑인에 대한 차별은 아주 심했어요.
부끄럽지만 교회 안에서도 흑인들은 뒤쪽에 앉아야 했고,
백인들이 앞에 앉아 영성체도 먼저 했지요.
메리놀회 1년 선배님이 서품을 받으려고 멀리서 왔는데
여관에서 흑인이라고 안 재워 줬어요.

우리 메리놀회는 처음부터 노동을 가르쳤어요. 신학교에도 고용된 일꾼이 없었어요. 무슨 일이든 신학생이 스스로 해야 했죠. 보통 아침 식사 전이나 후에 30분가량은 일을 했어요. 신부님 방 청소, 화장실 청소는 기본이고, 농사를 짓고, 나무를 베고, 잔디도 관리하고, 돼지도 기르고 닭도 쳤어요. 그렇게 신부가 될 때까지 손으로 할 수 있는 노동은 다했던 것 같아요. 메리놀 신학교에서는 우리 손으로 다 했는데 한국에 오니 신자들이 그걸 못하게 했어요. 제가 뭘 하려고 들면 "어유, 신부님, 제가……" 하면서 신자들이 다 해결해 주셨죠. 저도 웬만한 일은 스스로 다 할 수 있어요. 요리는 여전히 자신이 없지만. 전 요리는 그냥 라면밖엔 못 끓여요. 하하.

대학교 4년을 마친 뒤에 1955년부터 수련 기간은 매사추세츠 주의 베드포드에서 지냈어요. 90명 정도가 1년 동안 같이 있었죠. 그다음은 첫 서원을 했어요. 1956년 9월이었죠.

그다음에는 메리놀 신학교에서 1956년부터 4년 동안 석사 과정을 거쳤어요. 제가 특별히 더 배운 것은 석사 과정 때 교육학을 전공한 거예요. 수요일마다 교회 학생들을 가르쳤죠. 일반 고등학교에서 교생 실습도 해 봤어요. 고등학교 3학년을 가르쳤는데 아무래도 수업 지도안이 있어야 하잖아요. 45분 분량의 수업을 준비했는데 35분만에 다 끝나 버렸어요. 남은 10분

동안을 뭘 어떻게 이야기해야 할지 몰라서 긴장하며 땀 흘렸던 기억이 나네요. 학생들은 또 얼마나 까불고 장난치던지, 힘들었지요. 그래도 내가 교육학을 공부한 덕분에 한국에 온 뒤 본당에 유치원을 만들 수 있었지요.

선교지, 한국

어디 선교지로 갈 지는 부제품*을 받을 때 결정하고 신청할 수 있어요. 나는 한국에 지원했어요. 장익 주교님이 꼭 한국에 가야 한다고 강조했던 영향이 컸지요. 3지망까지 쓸 수 있었는데 1지망을 한국으로 썼어요. 선교지는 사제품**을 받기 전에 알게 돼요. 나는 1960년 4월 17일에 한국 임명을 통보받았어요. 당시 그걸 집에 전화로 알려줄 수 있었는데 식구들이 모두 제 전화를 기다리고 있었어요. "저는 한국으로 가요." 하니 할머니 할아버지 모두 울었어요. "도대체 왜 거길 가니?"라고 하셨

- * 가톨릭 성직자 품계 중에 하나. 부제는 미사 전례의 봉사자이며 세례, 혼인, 병자성사를 집전할 수 있다.
- ** 가톨릭 성직자의 품계 중 하나. 사제품을 받은 신부는 세례, 성체, 고해, 혼인, 병자성사를 줄 수 있다.

사제 서품식. 1960.

식구들이 모두 제 전화를 기다리고 있었어요.
"저는 한국으로 가요." 하니 할머니 할아버지 모두 울었어요.
할머니는 한국 하면 전쟁만 생각났나 봐요.
전쟁 난 곳에 도대체 왜 가야 하냐고.

죠. 할머니는 한국 하면 전쟁만 생각났나 봐요. 전쟁 난 곳에 도대체 왜 가야 하냐고. 아버지는 아무 말씀 안 하셨어요.

메리놀에서 1960년 6월 11일에 사제품을 받았어요. 사제품을 받은 날 스펠만 추기경님˙한테 이 십자가를 받았습니다. 정식으로 송별식이 있었고, 6월 12일부터 3주 동안 휴가를 가졌어요. 그 기간 동안 전 필라델피아에서 첫 미사를 봉헌하고 잔치한 다음엔 주욱 가족과 함께 있었어요. 그러고 나서 한국으로 출발했지요.

한국으로 가는 긴 여행 1960

한국에 가려면 샌프란시스코에서 배를 타야 했어요. 필라델피아에서 샌프란시스코까지는 비행기를 탔지요. 저녁 비행기였어요. 비행기를 타면 이제 진짜로 가족과 헤어지는 거죠. 저는 비행기 타기 전에 선글라스 썼어요. 울까 봐. 할머니와 할아버지는 울었어요. 나도 사실은 울었지만 그건 보이지 않았지요.

• 스펠만 추기경(Cardinal Francis Spellman, 1889~1967)은 당시 뉴욕 대교구 교구장이었다.

어린이들에게 첫 축복. 1960.

전 필라델피아에서 첫 미사를 봉헌하고 잔치한 다음에
주욱 가족과 함께 있었어요. 그러고 나서 한국으로 출발했지요.

가족들과 작별하고 비행기를 탔어요. 밤이었어요. 비행기를 탄 뒤에도 감정이 북받치고 마음이 혼란스러웠어요. 그래서였나 봐요, 다른 사람 좌석에 앉은 거예요. 제가 계속 훌쩍이니까 원래 자리 주인이 제게 "무슨 일이 있냐?"고 물었어요. 저는 그냥 감기에 걸린 것뿐이라고 대답했지요.

8월 7일에 샌프란시스코에서 화물선을 타고 출발했어요. 화물선 이름이 바이유 스테이트(Bayou State)였어요. 바이유는 미국의 남부 주 이름이에요. 루이지애나 주를 바이유 스테이트라고 하지. 메리놀 선교사들은 선교지로 갈 때 다 이 배를 탔어요. 그 배는 당시에 아주 좋은 화물선이었어요. 가톨릭 신자가 운영하는 회사 배였지요. 우리에게는 운임을 받지도 않았어요. 500파운드(230킬로그램)까지 화물도 실을 수가 있어서 큰 상자를 준비했어요. 거기에 이부자리, 수건 등 한국에서 필요할 것 같은 물건들을 전부 다 넣었어요. 전쟁이 끝난 한국에 물자가 부족하다는 것을 알았거든. 그리고 감실, 제의 등도 다 준비했지요.

그 배에는 선원이 여섯 명 있었고, 선교사는 모두 열두 명이 탔어요. 여덟 명은 한국으로 가고, 네 명은 일본으로 갔지요. 제가 제일 어렸어요. 우리는 선실 하나를 두고 같이 썼는데 거기 삼단 침대가 있었어요. 매일 아침 미사를 드렸어요. 선실이 너무 작아서 싱크대 위에 가방을 놓고 거기에서 미사를 드렸지요. 배에 다른 승객은 없었어요.

　3주가 걸리는 여정이어서 우리는 친목 시간을 갖기로 했어요. 일명 해피 아워(Happy Hour). 배에 오르기 전에 주류 상점에서 스카치, 버번, 진 등 술을 아주 많이 사서 가방을 채웠어요. 우리는 하루 시간표를 만들었어요. 아침 미사는 각자 따로 드렸고, 미사 뒤에 모여서 같이 식사했어요. 보통은 선장님과 함께 식사했어요. 그리고 방에도 있고, 배에 돌아다니면서 사람들 일하는 것도 보고 이야기도 하고 재미있게 지냈죠. 새 신부님들이어서 선원들에게 축복을 많이 했지. 양동이로 바닷물을 퍼서 그 소금물을 성수로 만들고, 우리 제의도 다 축복하고.

　처음에 신학교에 갈 때는 신부가 되는 게 아주 재미있겠다고 생각했어요. 그런데 신부가 뭐하는지 좀 알고 선교사가 하는 일도 배우고 나니 사실은 사제품을 받을 즈음부터 마음이 편치 않았어요. 해외 나가는 것도 덜컥 두려워졌어요. 바이유 스테이트를 처음 탔을 때가 기억나요. 샌프란시스코를 떠나며 갑판에 올라 보니 뒤편으로 샌프란시스코 도시의 불빛이 점점 멀어지는 거예요. 반대로 앞으로는 캄캄해요. '아……, 난 이제 어떻게 살아야 하나……. 아무래도 큰 실수를 한 것 같다…….' 걱정이 많았지. 한국에 가는 것이 두려웠어요. 왜냐하면 내가 본 사진 속 한국인들은 웃지 않았거든요. 사진 속에 있는 사람들

사제 서품식에 온 할아버지, 할머니, 테레사, 안나, 그리고 어머니. 1960.

샌프란시스코로 가는 비행기를 타면 이젠 진짜로 가족과 헤어지는 거죠. 저녁 비행기였어요. 저는 선글라스를 썼어요. 울까 봐. 할머니와 할아버지는 울었어요. 나도 사실은 울었지만 그건 보이지 않았지요.

이 전부 다. '아, 이 민족은 왜 안 웃을까?' 그게 무서웠어요. 사실은 아니죠. 나중에 직접 이야기 나누면서 그렇지 않다는 것을 알게 되었지만 당시 배 위에서는 무척 두려웠어요.

우리는 샌프란시스코에서 알래스카로 가고, 거기서 하룻밤 잔 다음엔 시베리아에 갔어요. 그다음엔 홋카이도를 지나 요코하마에서 일단 모두 내렸어요. 도쿄에 메리놀회 신부들이 있어서 기차로 메리놀 본부에 가서 하루 이틀 정도 묵었던 것으로 기억해요. 한국에 가서 말을 배우려면 필요할 것 같아서 녹음기도 하나 샀어요. 당시는 테이프 녹음기를 사용해서 어학 공부를 했어요. 그다음에 기차로 교토에 가서 거기 있는 메리놀 신부를 또 만났어요. 그 뒤에 고베로 가서 배를 타고 부산으로 향했지요. 부산에는 메리놀 본당이 있었어요. 부산에서 처음으로 한국 땅을 밟은 거죠. 긴 여행이었어요.

삶은 기차여행 같습니다. 정차하는 역이 많고 행로가 자주 바뀌고 온갖 사건이 일어나는 그런 여행 말입니다.

우리는 태어나는 순간 이 기차에 탑니다. 기차표를 내고 열차에 태운 사람은 우리 부모님입니다. 이 여행 동안 언제나 우리와 함께해 줄 거라고 믿었는데……. 어느 역에선가 기차에서 내리셨습니다. 그리고 우리는 혼자서 여행하게 됩니다.

이 기차에는 다른 승객들도 탑니다. 그중에 많은 이들은 내 삶에 중요한 사람들입니다. 형제자매, 친구, 자녀, 연인, 배우자처럼 말입니다. 많은 사람들이 이 여정 어느 순간에 기차에서 내리고 우리 삶에 큰 공백을 남겨 놓습니다. 어떤 이는 우리가 알아채지 못하는 사이에 가 버려서, 그의 자리가 비었다는 것, 그가 영영 기차에서 내렸다는 것을 눈치채지도 못합니다.

　이 기차여행은 기쁨, 슬픔, 환상, 기대, 만남과 이별로 가득합니다. 기차에서 만난 승객들과 좋은 관계를 맺으며 함께 가게 된다면, 서로 사랑하고 도와준다면, 그건 참 좋은 여행이 될 겁니다.

　이 엄청난 여행의 신비는 우리 자신이 언제 어느 역에서 내릴지 모른다는 것입니다. 그러므로 우리는 늘 가장 좋은 모습으로 살아야 하겠습니다. 어떤 것은 잊어버리고, 용서하고, 맞춰 나가고, 우리가 가진 가장 좋은 것을 나눠 주면서 말입니다.

　저의 기차에 중요한 승객이 되어 주셔서 여러분 모두에게 감사합니다.

삶은 기차여행 같습니다.
Life is like a journey on a train (2016)

2부

선교사의
로맨스

도착

부산에 내렸는데 언덕마다 하꼬방(판잣집)들로 꽉 차 있었어요. 나무 박스로 만든 집들이지요. 그렇게 많은 피란민들은 처음 봤지요. 북한에서 추방된 메리놀 신부들도 다시 한국에 와서는 대부분 부산에 있었어요. 부산에는 메리놀 병원도 있었어요. 그때 생활이 너무 어려웠어요. 모두가 고생을 참 많이 했었지. 도착하자마자 전쟁이 사람들을 얼마나 힘들게 했는지 피부로 느껴졌어요. 부산에서 이틀 정도 머물다 인천으로 갔어요. 월미도에 도착한 것이 1960년 8월 29일입니다.

짐은 미군이 옮겨 줬어요. 저희가 짐을 많이 가져왔잖아요. 그때 미군이 도와줘서 좀 쉬웠지요. 세관도 통과하지 않고 바로 짐을 트럭에 실을 수 있었죠. 그리고 나서는 바로 중곡동 이 집, 메리놀회 한국 지부로 왔어요. 지금은 상상할 수도 없겠지만 서울인데도 비포장도로였던 게 기억에 남네요.

중곡동 메리놀 본부 앞에서 함께 온 선교사들과 장면 박사. 1960.

한국에 온 뒤에 선교가
로맨스라는 것을 깨달았습니다.

그때 서울에 전깃불이 굉장히 부족했었어요. 밤에도 불을 켜지 않은 집이 많았지요. 낮에는 불을 아예 안 켰어요. 왜냐하면 공장을 돌리는 데도 전기가 부족했기 때문이에요. 가정용으로는 금지했던 거죠, 저녁 7시부터 9시 정도까지 2시간 쯤 밤에만 잠깐 쓰고. 그래도 우리 메리놀회에는 발전기가 있었죠. 처음에는 놀랬지. 미국에서 갓 도착한 젊은 사제였던 내게는 그런 경험이 전혀 없었으니까. 힘들었어요. 지금의 북한 상황과 마찬가지였던 거죠. 북한에서도 엘리베이터를 탔다가 전기가 꺼지는 일이 늘 있으니까 조심해야 해요. 물론 금방 자가발전을 돌리지만 "팍!" 하고 전기가 나가면 그래도 놀래죠.

한국어 수업

한국에 온 지 이틀째 되는 날, "함제도"라고 한국 이름을 받았어요. 메리놀 신부들은 선교지에 가면 다 현지 이름을 받아요. 왜냐하면 그래야 신자들이 더 쉽게 부를 수 있고, 신자들과 가깝게 지낼 수가 있으니까. "함제도"라는 한국 이름은 제가 선택한 게 아니었어요. 선배 신부님들이 지어 주는 거예요. "제라드"라는 이름은 발음을 따 "제도"로, 성인 "해먼드"는 "함"으로. 그래서 제라드 해먼드는 한국 이름으로 "함제도(咸制道)"가 되었어요. 한자까지 받았죠. 그때는 한자가 뭔지도 모르고 받았지. 나중에 청주 함씨라고도 표시했어요. 족보 없는 함씨. 나중에 저는 이렇게도 이야기했어요. 나는 "사서함 함씨"예요. 모두가 웃었지. 사람들은 모두 저를 함 신부라고 부르죠. 지금은 모두가 그렇게 불러 주세요.

9월 1일부터 바로 한국어 수업을 시작했어요. 오전에 이화여자대학교 영어 선생님이 사제관에 오셔서 식당에서 수업했어요. 여덟 명이 같이 앉아서 배웠죠. 선생님은 천주교 신자는 아니었어요. 그렇지만 좋았어요. 문화와 역사도 가르쳐 주었지요. 오후에는 고려대학교 영문과 학생들이 와서 개인 대화를 했어요. 재미있었어요.

주말에는 비무장 지대(DMZ)에 갔어요. 당시 한국에 미군이 6만 명 정도 있어서 부대에서 미사를 드리기 위해 갔던 거죠. 그래서 토요일 오후면 우리 집으로 미군이 지프차로 태우러 왔어요. 민간인은 못 가는 곳이라 사제복 대신 소령 군복을 입었어요. 미군들 중에 신자가 많았어요. 그래서 주일까지 이틀 동안 미사를 두 대, 세 대 드렸지요. 토요일 저녁은 미8군 장교 방에서 같이 먹었어요. 일요일에 집으로 돌아올 때도 마찬가지로

함제도 신부. 1960.

한국에 온 지 이틀째 되는 날,
"함제도"라고 한국 이름을 받았어요.
제라드 해먼드는 함제도가 되었어요
사람들은 모두 저를 함 신부라고 부르죠.
지금은 모두가 그렇게 불러 주세요.

미군이 데려다 줬지요.

　한 가지 에피소드가 있는데……. 당시 미군들은 일반 달러를 쓰지 않고 부대에서만 쓰이는 돈을 따로 가지고 썼어요. 그래서 우리도 자연스럽게 미사 봉헌금으로 받은, 부대 안에서 군인들이 쓰는 그 돈을 쓰게 됐어요. 당시 여기 어린이 대공원 부근에 미군 부대 피엑스(PX)가 있어서 필요할 때는 그 돈으로 피엑스에 있는 물건을 샀어요. 옛날에는 미사용 포도주도 부족해서 거기서 포도주를 샀던 기억이 납니다. 그때 여러 가지로 재미있었어요. 우리 군종 교구 젊은 신부님들과 군인들이 모두 비슷한 나이잖아요. 거기 신자들을 만나고, 고해성사를 하면서 많이 배웠죠. 미군 부대 미사를 준비하면서 영어 강론도 새로 준비해야 하고 해서 공부도 되고 여러모로 재미있었죠. 그렇게 일주일을 보냈어요. 월요일부터 금요일까지는 한국어를 배우고, 주말에는 미군 부대에서 지내고.

　그 시대에는 규율이 엄격했었죠. 금요일까지 날마다 숙제하고, 토요일에는 부대에 가고 일요일에 돌아오는 꽉 찬 일정이었어요. 잘 놀지도 못해요. 이런 와중에 금요일에는 가끔 교회 밖으로 나가서 실제로 이곳 사회를 경험해 보는 숙제가 있었어요. 한 번은 직접 대중교통으로 한 주는 인천에 다녀오고, 그다음 주에는 수원에 갔다 오는 숙제가 있었어요. 두 명씩 짝지어서 기차나 버스를 타고 목적지까지 다녀온 뒤 어떤 인상을 받앉는지 생각해 보고, 정리해 오는 게 과제였죠. 그런데 우리는 표를 잘못 사서 2주 연속해서 인천을 간 거예요. '이상하다. 지난주에도 창밖 풍경이 지금과 비슷했던 것 같은데……. 지난주와 똑같은 곳 같은데……' 그래도 '아니다, 조금 더 가면 수원이 나올 거야!' 생각했죠. 결국 도착해 보니 또 인천이야. 그 정도로 한국말이 서툴렀어요.

한국어는 같은 단어인데 뜻이 여러 개여서 익히기가 쉽지 않았어요. 나중에 청주에 갔을 때 일인데 시장에 가서 계란을 사려고 했어요. 그때는 계란을 줄로 팔았는데 가게에 계란이 안 보여요. 그래서 "아주머니, 계란 어디 있어요?" 하고 물었더니 "떨어졌어!" 하고 말해요. 그래서 "어디에 떨어졌어요?" 하고 되물었더니 아주머니가 제게 이야기했어요. "없단 말이야." 하하.

지금도 충무로에 가면 대한극장이 있죠? 그게 당시 서울에서 제일 큰 영화관이었어요. 좋은 영화를 하면 가끔 갔었죠. 우리는 교회 골목에서 큰 길까지 걸어 나가서 버스나 택시를 탔죠. 그때 시발택시라고 있었어요. 미터 없는 택시. 지프차예요. 재미있었어. 운전수 옆에 앉아서 한국말로 연습도 좀 하고. 어떤 때는 책을 가져가서 연습했어요. "안녕하십니까. 발음 괜찮아요?" 그러면 기사님이 "음, 한 번 더 해 봐." 그렇게 연습했어요. 하하. 그런데 돌아올 때는 늦게 오면 안 돼요. 그때는 통행 금지가 있었잖아요. 그래서 늦으면 그 택시도 탈 수 없었어요. 집에 올 때면 기사님께 요금을 얼마 내야 하는지 미리 물어봤어요. 미터기가 없었으니까. 난 늘 기사님께 왕십리까지 가자고 얘기했어요. 왕십리가 중곡동보다 훨씬 가깝거든요. 왕십리에 도착하면 기사님이 "아니, 왜 안 내려요?" 묻죠. 그러면 "조금만 더, 조금만 더" 하는 거예요. "어, 언제 내려요?" "아휴, 기사님 조금 더……." 그러면 "아니! 이 밤에 이게 말이 돼? 비포장길을?" 그러면 "아휴, 기사님 좀 봐 주세요." 했었지.

첫 성탄

우리는 처음 몇 달간은 그렇게 서울에서 보냈어요. 겨울이 될 때쯤 청주교구에 처음 가 보게 되었어요. 일단 기차로 조치원까지 가고, 조치원에서 버스를 타고 갔어요. 기차 여행하는 것은 재미있었지요. 당시는 기차가 요즘처럼 1등석 2등석으로 나누어지지 않았어요, 승객들이 그냥 다 같이 함께 있는 거지. 그때 어떤 사람들은 우리가 서양 사람이니까 자신들이 먹던 것을 나눠 주기도 했죠. 인심이 좋았어요.

옛날에는 기차에서 삶은 계란을 팔았잖아. 같이 가던 신부님하고 "아, 계란 좀 사서 먹자."고 해서 계란을 사서 무릎에 탁 깼는데 날계란이었어요. 우린 삶은 계란인 줄 알았는데…… 아니었지. 우리는 말이 서툴러서 그냥 계란만 보고서 샀었지.

예전엔 기차에 사람이 항상 많았어요. 서 있는 사람도 있고. 기차가 원체 느렸어요. 동네마다 다 서며 천천히 가다 서다를 반복하는 완행열차. 조치원까지 가려면 한참 걸렸죠. 그렇지만 우린 재미있었어. 외국 사람이 많지 않으니까 사람들이 우리에게 호기심이 많았어요. 가는 동안 여러 가지 얘기도 하고. 또 영어 배우려는 학생들이 다가와서 떠듬떠듬 말도 조금씩 걸어 주고. 기차 안에는 특별히 군인이 많았어요. 군인들이 기차를 많이 탔지.

그때는 버스에도 사람이 많았어요. 요즘 버스를 떠올리면 안 돼요. 당시 버스는 트럭을 개조해서 서로 마주 보고 앉았어요. 탈 때 사람들이 꽉 차야 떠나죠. 하여튼 전 아주 좋은 기억이에요. 좋았어요. 그렇게 청주로 내려갔지.

청주에 도착해서 파 주교님께 먼저 인사드렸어요. 주교님은 제게 청주에 머무는 동안 보은본당에서 지내라고 하셨어요. 보은성당에는 2년 전에 오신 메리놀 선배 신부님이 계셨어요. 고향을 떠나 온 메리놀 신부가 주임신부로 혼자 사니까 주교님 생각에 둘이 성탄을 함께 지내면 좋겠다고 여긴 것이었죠.

보은에는 눈이 정말 많이 왔어요. 눈이 오면 토끼 잡으러 가는 게 재미있었죠. 거기서 복사를 했던 중학생들과 친하게 지냈어요. 호기심이 아주 많았던 걸로 기억해요. 저는 한국말을 못하고, 복사들은 영어를 못하고, 주로 손짓으로 이야기했지요. 그때 복사를 했던 아이들 중 두 명은 나중에 신부가 됐어요. 연 신부님과 곽 신부님. 세월이 흘러 두 분도 벌써 은퇴했어요. 두 분 모두 아직 살아 계세요. 곽 신부님하고는 지금까지도 재미있게 얘기해요.

그해 성탄 자정 미사는 아직까지도 기억에 남아요. 너무 좋았어요. 몹시 추웠는데 신자들이 다 오시고, 수녀님들도 아주 열심이었어. 여러 사람들이 힘을 합쳐서 재미있고 즐겁게 지냈어. 교회가 한 가족이라는 생각이 들었어요. 이런 신자들을 만날 수 있다니 한국에 온 선교사들은 정말 복 받은 거라고 생각했어요. 신자들끼리 서로 돕고 희생하는 마음이 컸어요. 성탄 때는 보통 집 생각이 나잖아요. 그런데 한국에서 맞은 첫 번째 성탄은 너무 좋아서 집 생각이 안 날 지경이었지요. 신자들이 참 열성이었어. 자정 미사였는데 성가를 얼마나 잘 부르는지! 미사가 끝난 다음에 빵도 함께 나눴었지. 다 먹고 재미있게 놀고. 이제 겨우 더듬더듬 하는 한국말로 이야기도 나누고. 그날

• 사제의 미사 집전을 보조하는 봉사자

'아, 이 민족을 위해서 재미있게 살아야겠다.'고 다짐했지요. 그런데 어느새 60년이 지났어요.

청주교구 발령

성탄을 보은성당에서 보내고 서울로 다시 돌아와 한국어 공부를 계속했어요. 사순절이 시작되기 전에 공부를 다 끝내야 했어요. 부활절 전에 청주교구로 내려가야 했거든요. 일을 하려면 한국어가 필요하니까 열심히 해야 했지요.

당시는 전쟁이 끝난 지 얼마 안 돼서 교구에 신부가 턱없이 부족했어요. 신자들과 한국말로 의사소통에 문제가 없어야 했는데 전 서툴렀어요. 하지만 그때는 미사를 라틴어로 드렸기 때문에 미사 봉헌에는 문제가 없었죠.

청주교구에서 여러 가지 일을 했어요. 초대 교구장이셨던 파 주교님의 비서 겸 관리국장을 8년 동안 했어요. 파 주교님 다음에 정진석 주교님이 교구장이 되었을 때는 총대리를 했었죠. 1989년에 메리놀회 한국 지부장으로 임명되어 서울로 다시 올라올 때까지 30년 동안 청주교구에 있었어요. 이 시기에 성심고아원 일을 했고, 북문로본당, 수동본당, 괴산본당에서 주임

북문로본당 시절 성체성혈대축일 미사. 1965.

청주에서 본당 일을 할 때가 제 인생에서
가장 행복했던 시절이었던 것 같아요.
그곳에서 우리는 가난하게 살았고 "함께" 살았어요.
저는 나중에 죽어서 청주에 묻힐 겁니다.

신부로 지냈어요. 청주대학교와 공군사관학교에서 영어를 가르치기도 했습니다.

선교지에 나가 있는 메리놀 선교사들은 달마다 보고서를 써서 메리놀 본부에 보내요. 교회 안에서 개인적으로 한 일이든 함께한 것이든 지금도 우리는 우리가 한 일, 그리고 이곳 사회 상황 같은 것을 보내요. 지금은 3개월에 한 번 정도 보내는데 당시에는 한 달에 한 번 꼭 본부로 보냈어요. 신학교에 있을 때 선배 선교사들이 보내 온 보고서를 식사할 때 낭독해 주었지요. 우린 침묵하면서 들었지. 남미, 아프리카, 아시아에서 온 선배 신부님들의 편지니까 마음으로 알지요. 우리는 그때 속으로 기회가 되면 우리도 꼭 그곳으로 가고 싶다고 생각했어요. 그때는 그랬는데 이제는 제가 선교지에서 편지를 보내게 되었지요.

청주에서 본당 일을 할 때가 제 인생에서 가장 행복했던 시절이었던 것 같아요. 청주 신자들은 참 열심히 했었어요. 말도 못했어요. 그곳에서 우리는 가난하게 살았고 "함께" 살았어요. 이런 모습은 신앙적으로 아주 중요합니다. 그래서인지 지금도 자꾸 생각나요. 제 고향은 지금도 청주예요. 저는 나중에 죽어서 청주에 묻힐 겁니다. 2010년 금경축 미사˙ 때 주교님이 약

˙ 사제 서품 50주년 축하 미사를 뜻한다.

속하셨죠. 청주 성 요셉공원 성직자 묘역에 자리를 마련해 두신다고요. 그래서 저는 주교님께 묏자리를 두 개 달라고 했어요. 저는 뚱뚱해서 두 자리가 필요합니다.

거기 청주교구에서 일하는 사람들은 거의 다 북한이 고향인 피란민들이었어요. 메리놀회가 북한 지역에 있었으니까 신부님들은 다 북쪽의 자기 본당 신자를 찾으려고 했었죠. 청주교구에 옛날 평양교구 신자들이 일꾼으로 많이 있었거든요. 여자분들보다 남자분들이 훨씬 많았죠. 평신도 회장님도 그렇고 많은 신자분들도 전부 다 북한에서 넘어온 사람들이에요. 표준말은 배우지 않고 "가라우 오라우" 하고 북한 사투리로 대화를 주고받았어요. 메리놀 신부님들도 원래 북한에 있다가 건너온 "북한 신부님들"과 남한으로 바로 온 "남한 신부님들"이 모두 다 함께 재미있게 지냈지요.

메리놀 신부들은 젊어서 그런지 먹고 싶은 게 많았어요. 그

• 함 신부님은 1942년 이전에 평안도 지역에서 사목하다가 분단 이후 남한으로 오게 된 메리놀 선교사들을 "북한 신부들"이라고 하고, 곧바로 남한으로 처음 부임한 신부를 "남한 신부들"이라고 불렀다. "북한(혹은 남한)에서 선교했던 메리놀 신부"라고 부르지 않고 "북한 신부" 혹은 "남한 신부"라고 한 것은 선교지와 선교사의 긴밀한 관계를 드러낸 표현인 것 같다. 이 책에서는 함 신부님의 뜻대로 "북한 신부", "남한 신부"라는 표현을 그대로 사용하였다.

시대에는 냉장고가 없었어요. 그때 누군가가 코카콜라 깡통을 하나 가져 왔는데 얼마나 마시고 싶었던지. 그대로 마시지 말고 거기 우물에 놔뒀다가 좀 차갑게 마시자고 했던 생각이 나요. 아주 작은 것도 행복하게 생각했지요.

처음에는 제 한국어가 서툴러서 신자들이 고생 많았어요. 이 시기에 황간본당에서 배운 말 중에 기억나는 것은 '관면'*이에요. 처음에는 한국말로 뭐라고 하는지 몰랐었지. 그 당시에는 신자가 주일에 일을 하려면 관면을 받아야 했어. 전부 다 밖에 서서 한 명씩 한 명씩 자기가 주일에 일을 해야만 하는 이유를 설명해야 했죠. 평신도 회장님한테 일을 해야만 하는 사연을 이야기하면 회장님이 제게 전달해 주는 방식이죠. 그럼 제가 관면을 줬어요.

고해성사를 할 때는 매뉴얼이 있었어요. 이렇게 죄를 고백할 때는 이런 보속을 주라는 번호가 매겨져 있었어요. "성모송"이나 "주님의 기도"를 바치라고 정해져 있었어요. 그래도 고해실 안에서는 아무래도 더 긴장하기 마련이잖아요. 그래서 카드를 준비했어요. 제가 듣고도 잘 이해하지 못할까 봐. 제일 무서운 것은 신자가 고해실 안에서 질문할 때예요. "입니까?"로 끝나

* 정당한 이유가 있다고 판단될 때 일시적으로 교회법 규정의 준수 의무에서 자유롭게 되는 상태를 말한다.

면 제일 무섭지. 질문하면 고민이 많았죠. 무슨 말인지 잘 모르니까. 그래서 보통은 이렇게 말했어요. "나중에 본당 신부님과 이야기하세요." 한국어 발음이 비슷해서 실수한 적도 많아요. 보속을 줄 때 "묵주 한 단"을 바치라고 할 게 "맥주 한 단"이라고 말한 적이 있지. 그래서 나중에 본당 회장님이 와서 물어봤어요. 그래서 "아! 맥주가 아니라 묵주예요" 하고 고쳤지.

5·16 군사쿠데타

1961년 5월에 나는 보은본당에 있었어요. 박정희가 군사쿠데타를 일으켰다는 소식을 들었는데 그때는 그 말이 무슨 뜻인지도 몰랐어요. 그 즈음에 다른 신부님들이 모두 피정을 하고 있어서 제가 황간, 영동, 옥천, 보은, 청산 일대를 전부 다니면서 미사를 하고 있었어요. 마침 그날은 보은본당에 있었는데 쿠데타보다 본당에 혼자 있는 게 더 무서웠어요. 쿠데타가 뭔지 잘 몰랐으니까. 밖에서 보면 보은본당은 약간 언덕 위에 있고, 동네가 아래쪽에 있었어요. 식당 문 밖으로 바람 소리가 "푸푸푸푸" 하고 들리고, 혼자 사제관에 있으려니 무서워서 밤에 불을 다 켰지요. 성당 사제관에서 잘 때 무서웠어요. 그때 겨우 스물

일곱 살이었어요.

5·16 직후에는 나라에서 미사를 드리지 못하게 했어요. 사람들이 모이면 안 된다는 거예요. 사람이 모이는 행사는 다 금지했지요. 2주일 정도 금지했던 것 같아요. 신자들은 제가 잘 있는지 많이 걱정했어요. 그래서 동네에 가급적 방문하지 말라고 얘기하고 항상 어딜 가든 본당 사람이 제 옆에 와 있었어요. 평신도 회장님이 본당 사무실에 와서 숙식을 함께 했어요. 혹시라도 사제가 잘못될까 봐 걱정을 많이 했지. 본당 젊은이들도 "사제는 지켜야 한다."며 교대로 와 있었어요. 괜찮았어요. 다행히 복잡한 일은 일어나지 않았어요.

5·16이 터지고 장면 박사˙는 곧 군사 독재 정권에 의해 병원에 연금되었어요. 장면 박사는 우리 메리놀회와 인연이 깊은 분이었죠. 우리는 돕고 싶었어요. 성모병원에 연금되었는데

• 장면 박사(1899~1966)는 정치인이자 학자이다. 메리놀 선교사의 도움으로 1920년에 미국에 유학 가서 함 신부님도 수학했던 버나드 소신학교를 졸업하고 맨해튼 가톨릭대학교를 졸업했다. 1925년에 귀국하여 천주교 평양교구에서 메리놀 선교사들과 함께 활동하였다. 해방 뒤에는 정치에 투신하였다. 초대 주미대사(1948~1951), 제2대 국무총리(1950~1952)를 지냈다. 이후 자유당 독재에 반대하는 야당 지도자가 되었다. 1956년에 민주당의 부통령 후보로 출마하여 당선되어 제4대 부통령(1958~1960)이 되었다. 제7대 국무총리(1960~1961. 5. 18.)를 지내는 중 5·16 군사 정변이 발발하고 실각하여 연금 생활을 하였다. 군사 정권에 의해 반혁명 음모 사건으로 징역 10년형을 선고받았다가 형 집행 정지로 풀려났다. 1966년에 지병으로 사망했다. 장익 주교의 아버지이기도 하다.

장면 박사와 함께. 1960.

5·16이 터지고 장면 박사는 곧 군사 독재 정권에 의해
병원에 연금되었어요. 연금되어 있는 동안
우리 메리놀 젊은 사제들은 장면 박사에게 달마다
생활비를 책 속에 숨겨서 전달했어요.

그때는 이 병원이 명동성당 바로 옆에 있었어요. 지금의 가톨릭 회관이죠. 일제 시대부터 병원이었어요. 연금되어 있는 동안 우리 메리놀 젊은 사제들은 장면 박사에게 달마다 생활비를 책 속에 숨겨서 전달했어요. 당시 서양 사람들은 잘 조사하지 않았어요. 누가 물어보면 메리놀회 책 번역을 부탁하는 거라고 하려고 했어요. 돈은 번역료라고. 실은 생활비였지요. 하여튼 우린 그런 일을 했어요. 그때 장익 신부님은 유럽에 있었어요. 장면 박사는 병원에 감금되어서 1963년 장익 신부님이 사제품을 받을 때에도 가족이 아무도 참석하지 못했어요. 대신 로마에 있는 메리놀 신부가 참석했었지.

그때는 청주교구에 방인 신부˙가 안 계셨어요. 나는 6월에 파주교님 비서로 임명되었지요. 나중에 파 주교님이 제게 편지를 주고 대구에 가서 대주교님을 만나 뵈라고 했어요. 당시엔 우체국에 많이 안 가고 편지를 주로 인편으로 보냈어요. 편지 내용은 우리 청주교구에 방인 신부 두 명만 보내 줬으면 좋겠다는 거예요. 청주교구는 대구교구 밑에 있으니까 대구교구로 편

• 방인(邦人) 신부는 선교지의 현지 출신 신부를 말한다. 여기서는 한국인 신부를 의미한다. 이 인터뷰에서 함 신부님은 사제를 구분할 때 출신 지역이나 국적이 아닌 선교지를 기준으로 말했다. 그래서 북한에서 사목한 미국인 신부를 "북한 신부", 남한으로 온 미국인 신부를 "남한 신부"라고 하고, 한국인 신부를 "방인 신부"라고 불렀다.

지를 보냈지. 그래서 대주교님이 방인 신부 두 명을 보내 줬어요. 한 명은 충주, 한 명은 청주로 왔지요. 청주로 온 이문희 신부님은 나중에 대구 교구장님이 되었어요.

성심고아원 1961~1963

그때 선교사들은 메리놀 본부에서 각자 생활비로 달마다 3만 원을 받았어요. 한 달에 30달러. 그 돈을 받고 한 달에 미사를 스물두 대 드렸어요. 그래서 자연스럽게 미사 한 번에 1달러라고 생각했죠. 천 원. 하하.

7월에 파 주교님이 제게 고아원 일을 맡으라고 하셨어요. 고아원은 청주시 변두리에 있었어요. 성심고아원은 뒤에 양로원으로 바뀌었는데 지금도 성당하고 사제관은 거기 있어요. 나무와 벽돌로 지은 조그맣고 아름다운 건물이 아직 남아 있어요.

그 고아원은 그 이전에는 북한에서 온 영원한 도움의 성모 수도회˙ 수녀님들이 운영했어요. 제가 간 즈음부터 메리놀회

• 영원한 도움의 성모 수도회는 제2대 평양 교구장 목 요안 에드워드 모리스 몬시뇰(John E. Morris, 한국명 목이세 睦怡世, 1889-1987)에 의해 1932년 6월 27일 설립되었다. 평양 교구 첫 방인 수도회인 영원한 도움의 성모 수도회는 6.25 때 남하하여 현재 서울 정릉에 본원을 두고 있다.

가 함께 했어요. 고아원에는 아이들이 35명 정도 있었어요. 네다섯 살에서부터 중학생들까지. 여자아이들은 제천으로 보냈어요.

나는 고아원에서 메리놀회 수사님들 세 분하고 지내게 되었어요. 우리는 사제관에서 함께 살았어요. 사제관에 화장실이 하나 있었는데 거기까지 가려면 꼭 제 침실을 거쳐야 했어요. 집 구조가 그랬어요. 하여튼 재미있게 지냈지요.

고아원을 운영하는데 생활비가 제법 많이 나갔죠. 그래서 파주교님이 저보고 절약 좀 하라고 했어요. 메리놀회에서 먹을 것은 나오지만 절약하라고. 우리는 열심히 일하고 절약했지요. 어렸을 때부터 가난하고 청빈한 생활에 익숙해서 절약하는 게 그다지 어렵지 않았지요. 열심히 살았어요. 수사님들은 밖에 과수원에서 일했어요. 나는 청주대학교에서 학생들에게 영어를 가르쳐서 생활비에 보탰어요. 수사님 한 분은 파 주교님을 위해서 경리일을 했어요. 저도 그때 파 주교님한테서 경리 일을 배웠어요. 그래서 제가 부기를 좀 할 수 있어요.

식사를 준비해 주시는 수사님은 저보다 나이가 많은 분이었어요. 수사님께 "음식을 담을 때 접시에 평소보다 조금씩 덜 담아 주세요."라고 말했지. 안 그러면 모두에게 골고루 나눠 주기 전에 음식이 다 떨어져 버려요. 그러니까 수사님께서 "아니 다들 배가 고픈데 어떻게 적게 나눠 줄 수 있겠어요?" 하고 말했어요. 파 주교님께서 생활비를 줄여 보라고 하신 말씀은 못 전했죠. 그 시절 우린 다 가난했어요. 고아원 운영에는 돈이 많이 들었어요. 왜냐하면 아이들을 학교에 보냈거든요. 교복도 사서 입히고. 그래도 우리 아이들이 동네 아이들보다는 확실히 더 나은 돌봄을 받았다고 자부합니다. 워낙 어려웠던 시절이니까 끼니 걱정 안 하고 연탄을 땔 수 있는 것만으로도……

수사님하고 한 달에 한 번씩 서울에 가서 이것저것 물건을 박스로 사 왔어요. 제가 트럭을 운전했었죠. 당시 우리가 많이 먹은 게 스팸이에요. 지금도 전 스팸을 좋아해요. 그 시대에 우리는 스팸을 고기 대신으로 먹었지요. 계란 물을 입혀서 구우면 더할 나위 없이 맛있었어요. 맞아요, 아무래도 그때 제가 한국 사람들보다 더 풍족하게 살았어요. 그건 참 미안합니다.

1960년대에는 박정희 대통령이 거리를 떠도는 부랑아들을 붙잡아 가지고 고아원으로 보냈어요. 아이들을 학교에 보내고 잘 먹이고 따뜻하게 지낼 수 있게 해 주는데도 부족한 게 많았어요. 가족과 함께 지내는 행복에 비할 바가 아니었죠. 아이들이 자꾸 부모님을 더듬더듬 찾았어요. "신부님, 우리 어머니 아버지 좀 찾아 주세요." 하며 울고, 그러면 나도 울었지요. 아이들 대부분이 부모님을 보고 싶어 했는데…… 우리가 어떻게 찾아요. 살아 계신지 돌아가셨는지도 모르는데. 그때 깨달았어

1960년대 구호물자, 북문로성당. 1965.

1960년대는 경제적으로 극도로 어려운 시대였지만
다들 평화롭게 지냈어요.
빈부 차이는 그렇게 크지 않았던 것 같아요.
다들 가난했으니까.

요. 부모님 사랑은 그 어떤 물질로도 대신할 수 없다는 것을.

제가 고아원을 맡았던 1961년부터 1963년까지 2년 동안 아이 세 명이 목숨을 끊었어요. 아이 둘은 연탄을 피워 침실에 갖다 놓고 잠들었어요. 영영 돌아오지 못했지. 한 아이는 농약을 마셨어요. 거기가 과수원이니까 농약이 있었지요. 이제 더 이상 부모님을 볼 수 없다는 좌절이 너무 깊었어요. 신부님, 수사님의 사랑으로는 도저히 채워지지 않는 그 무엇이 있었죠. 전쟁이 끝난 지 얼마 안 되던 시절이라 그 좌절이 컸던 것 같아요.

농업고등학교 다니던 학생 네 명이 신부가 되고 싶다고 해서 파 주교님께서 서울 소신학교로 연락했어요. 그런데 공부가 부족하다고 입학이 안 됐지. 그래서 파 주교님이 "그러면 우리도 소신학교를 시작하자."고 하셨어요. 성심 소신학교. 내가 라틴어와 영어를 가르쳤어요. 그런데 그 시대에는 고아들은 신부가 될 수 없었어요. 왜냐하면 부모님들이 어디 있는지 모르니까. 호적에 문제가 있다고요. 지금 생각하면 이해할 수 없지만 그땐 그랬어요.

그래서 파 주교님이 저와 같이 도지사님을 찾아 갔어요. 파 주교님이 도지사님께 먼저 우리가 북한에서 왔다고 이야기하고 "도지사님, 우리 어려운 점이 있어요. 우리는 아이들이 고아들이어서 호적이 없어요." 당시는 고아들은 결혼하기도 어려웠어요. 그래서 "혹시 도지사님께서 호적을 만들어 주실 수 있을까요?" 그런데 만들어 주셨어요. 말로만 한 게 아니라 진짜로. 신자도 아니셨는데 당시 도지사님께서 인정이 많았던 것 같아요. 고아원 아이들 전부 다 호적을 새로 만들었었지. 그때 우리가 만든 성심 소신학교에 다녔던 네 사람 중에 세 사람이 서울에 가서 계속 공부하고 나중에 신부가 되었어요.

파 주교님

파 주교님은 침실 안 침대 맞은편에 신의주성당 그림을 걸어 두셨어요. 주교님은 늘 그곳으로 돌아가고 싶어 하셨어요. 그리워하며 눈물을 많이 흘렸어요. 다시는 못 갈 테니까 많이 힘들어 하셨어요.

  파 주교님은 1941년 12월 8일에 신의주성당에서 일본 경찰에 체포되었어요. 그날은 큰 축일*이었죠. 아침 미사 끝난 다음에 체포되었어요. 군인들이 미사 끝날 때를 기다리고 있다가 연행했지요. 신자들에게 작별인사도 제대로 못 했대요. 그래서

* 원죄 없이 잉태되신 복되신 동정마리아 대축일

늘 그 생각을 하세요. 헤어질 때 생각.

　신부님이 그 전날 얼핏은 들었대요. 진주만 공습으로 전쟁이 시작했다고요. 하지만 그렇게 빨리 체포되어 감옥에 가고 추방될 줄은 꿈에도 몰랐대요. 일본이 진주만을 폭격했으니까 미국이 제2차 세계대전에 참전한 거예요. 그 얼마 전에 미국 정부는 일본, 한국, 중국 등 아시아에 있는 미국 시민들을 송환하려고 마지막 배를 보냈어요. 개신교도들은 많이 돌아갔지요. 가족이 있으니까. 신부님들은 안 가고 남았어요. 메리놀회 주교님들은 특히 병원을 위해서 일을 많이 했어요. 제발 전쟁이 일어나지 않기를 바라면서.

　전쟁이 나기 전에 메리놀회 총장님이 미국에 허락받고 일본 정부 관계자한테 "제발 평화스럽게 대화하자."고 설득했는데도 잘 안 되었어요. 물론 미국에도 마찬가지로 얘기했지요. 이미 지나간 역사이긴 한데 그 당시에 미국은 경제적으로 무척 어려웠어요. 그래서 루즈벨트 대통령도 속으로는 전쟁을 반대하지 않았던 것 같아요. 미국은 남의 땅에서는 언제든지 전쟁할 수 있다고 생각해요. 그래서 일본에서 전쟁할 가능성이 있다고 생각했지요. 하지만 진주만은 꿈에도 생각하지 못했어요. 하여튼 그런 시기에 메리놀 신부님 상당수가 북한에 있었어요. 물론 만주, 중국, 홍콩 등에도 많았죠. 선교사가 100명도 넘었어요. 그분들은 미국으로 돌아가지 않고 남았습니다. 6·25

때도 마찬가지였어요. "전쟁이 일어나더라도 본당 사제는 남는다.", "목자는 결코 양을 떠나지 않는다(Shepard never leaves the sheep)." 그것을 원칙으로 삼았지요. 사제는 어려울 때 신자들과 함께하지 않으면 안 돼요.

파 주교님은 1942년 일제에 의해 추방된 뒤 미국으로 오셨어요. 그리고 2차 세계대전 중에는 군종신부가 많이 필요하니까 바로 유럽에 가셨죠. 그다음 1958년에 미국 메리놀 본부 부총장님이 됐어요. 주교품도 받았고요. 그래서 제가 신학생이었을 때부터 주교님으로 알고 있었지요. 그 뒤 제가 신부가 되어 한국에서 모시게 될 줄은 몰랐지요.

파 주교님은 아주 엄했어요. 그리고 검소했죠. 그때 우리가 살았던 북문로3가 사제관에서부터 성심고아원까지는 거리가 걸어서 한 시간 정도였어요. 어느 날 주교님께 모은 돈이 조금 있으니 자전거를 하나 사고 싶다고 말씀드렸어요. 그랬더니 "아휴, 젊은 사제가 왜 자기 희생을 안 해?" 하셔서 "아니요, 자전거가 있으면 시간도 절약할 수 있고 신자들을 방문할 때 좀 더 다닐 수 있을 것 같아서요." 하고 말씀드리니 "아니야! 봐, 한국 사람들도 성당에 올 때 다 걸어오잖아. 우리도 걸어 다녀야 해." 하셔서 "오케이……."라고 대답했죠. 파 주교님은 늘 더 어려웠던 시절을 떠올렸던 것 같아요. 주교님은 늘 희생하는 삶을 사셨죠. 좋은 가르침이셨어요. 전쟁이 끝나고 얼마 지나지 않은 시절이라 모두가 가난했어요. 주교님께서는 힘들게 살아가는 신자들을 늘 불쌍하게 여겼어요. 신자들에 비하면 사제들은 편안하게 산 거죠. 그런 시절이니 사실 돈을 아껴야 했죠. 젊으니까 자전거가 없어도 됐어요. 주교님의 그 가르침이 아직도 생각나요.

주교님께서 한 번은 심한 감기에 걸린 적이 있어요. "주교님, 드시고 싶은 게 있으면 시장에 가서 사 오겠습니다." 했더니 "그럼 사과 하나만 좀 사다 주세요." 하셔서 시장에 가서 사과 몇 개를 샀지요. 그때 바나나나 파인애플 같은 과일이 굉장히 먹고 싶었어요. 구할 수가 없으니까. 그때는 제철이 아니면 사과도 구하기 어려웠어요. 지금은 사시사철 딸기도 나오고 돈이 있으면 모든 과일을 살 수 있죠.

파 주교님은 북한에 대한 이야기를 많이 들려주셨어요. 그러면서 꼭 이 이야기도 함께 하셨어요. "나는 함 신부가 북한에 꼭 다시 갈 것 같다."고. 나는 "꼭 가겠습니다." 하고 말씀드렸어요. 파 주교님은 일본 경찰에 체포되어 감옥에 가는 바람에 북한 신자들에게 마지막 인사도 못 하고 떠난 것을 늘 미안해했지요. 그 시대에는 언제든지 떠날 수 있게 가방을 미리 준비해 두었다고 해요. 그렇게 변변한 송별 인사도 못 나누고 떠날 줄은 몰랐겠지. 그래서 돌아가실 때까지도 "어떻게…… 신의

주도 다시 못 가 보고……" 하며 슬퍼하셨어요. 북한 신부는 거의 그것만 생각했어요.

1960년대는 경제적으로 극도로 어려운 시대였지만 다들 평화롭게 지냈어요. 빈부 차이는 그렇게 크지 않았던 것 같아요. 다들 가난했으니까.

우리는 절약은 기본이었고 동원 가능한 모든 방법을 찾아서 재원을 마련해야 했어요. 제가 그 당시 파 주교님께 배운 것 가운데 기억에 남는 것은 가게 운영이었어요. 서울에서 캔으로 된 먹을 것들, 옥수수, 땅콩버터 같은 것들을 사 가지고 와서 사제관에서 팔았어요. 사제관에서는 휘발유도 팔았어요. 왜냐하면 당시에는 주유소를 찾아보기 어려웠거든요. 어느 날 김남수 주교님께서 "메리놀 신부님들은 이제 성당을 크게 짓기보다 그 자리에 점포를 더 크게 만들어야겠다."고 농담한 적도 있어요.

메리놀 본부에서는 운영비를 달러로 보내 줬어요. 파 주교님이 저보고 경리를 보라고 했잖아요. 당시는 정부 환율이 좀 낮았어요. 그래서 명동 신세계 백화점 뒷골목에 있는 건물로 가서 "야매"로 달러를 바꿨죠. 그 당시 외국 수도회는 다 어느 정도 이렇게 환전하는 것이 필요했어요. 알면서도 슬쩍 넘어가 주던 시절이었어요. 뒷골목 건물에 가면 달러를 바꿔주는 사람들이 있었어요. 거기 사람들과 접촉했지요. 그때 그곳 사람들과 주고받았던 암호가 "모자"였던 걸로 기억해요. 아메리카 모자, 구라파 모자, 일본 모자, 홍콩 모자, 외국 돈을 이렇게 표현했어요. "미국 모자 사고 싶다." 하면 환율을 다 계산했지. 만 달러를 바꾸면 천육백 달러가 이익으로 남았어요. 바꾼 돈을 천 원짜리로 007 가방에 가득 넣어 줬어요. 그 돈을 모아서 교회도 짓고, 고아원도 운영하고 그랬어요. 이런 사설 거래를 정부도 알았지만 경제가 돌아가려면 필요하니까 모른 체 해 줬어요. 우리는 그렇게 바꾼 돈을 좋은 뜻으로 좋은 일에 써야 한다고 생각했어요. 거의 공의회 끝날 때까지 계속했던 것 같아요. 거의 칠팔 년 했지요.

옛날에는 수표가 없었잖아요. 그래서 파 주교님은 현금을 가방에 담아서 침대 아래에 보관하셨어요. 우리는 본당마다 연락해서 생활비를 보내야 하니까 봉투를 준비했어요. 장부에는 영어로 "페쿠니아(Pecunia)"라고 썼어요. "페쿠니아"는 라틴어로 '돈'이라는 뜻이에요. 사람들은 전혀 몰랐죠. 저희만 아는 일종의 암호였어요. 본당마다 연락해서 "내일 페쿠니아를 보낸다."고 전보로 알려줬지. 그러고 나서 제가 본당을 다니면서 그 노란봉투를 돌렸어요. 노란 봉투에 담긴 돈은 선교사들의 생활비, 선교를 위한 장학금 같은 용도로 쓰였어요. 금방 다 없어졌지. 그 시절은 그만큼 어려웠어요. 하여튼 그 운영비 덕분에 성당에서 여러 가지 많은 일을 할 수 있었지요. 장학 사업도 하고.

옛날에 이렇게 메리놀회 장학금 받은 중학생 가운데 주교님이 된 분도 있어요.

파 주교님은 몸이 불편해서 1969년에 은퇴했어요. 그리고 정진석 주교님이 1970년 10월 3일에 주교품을 받았지요. 파 주교님은 은퇴하신 뒤에 청주에 있는 성심양로원 사제관에서 살았어요. 성심고아원이 파 주교님께서 은퇴하시고 나서 양로원으로 바뀌었어요. 교구에서 과수원이 있는 곳에 주교관을 새로 지었어요. 지금도 그 건물이 남아 있어요. 파 주교님은 성심양로원에서 몇 년 정도 머무르시다 미국으로 돌아가셨어요. 그리고 1983년에 선종하셨죠. 나중에 그 유해를 다시 청주로 모셔 왔어요. 그래서 파 주교님은 다른 메리놀 신부님들과 함께 성 요셉 공원에 계세요.

북문로본당 주임신부 1964~1966

처음 본당을 맡게 된 것은 북문로3가성당이었어요. 그때 교구는 진짜 가난했어요. 북한 피란민들하고 젊은 사제들이 함께 일했지요. 경험도 없었어요. 연탄가스 때문에 죽는 사람도 많앉어요. 또 병에 걸려 고통받는 사람들도 많았었지요. 제가 종부성사˙를 했을 때가 기억에 남네요. 첫 번째 성탄 즈음이었어요. 어떤 한 분이 돌아가셨는데 시신이 차가워지니까 벼룩이 제게 옮겨왔어요. 따뜻한 몸으로.

그 시대에는 강당에서 미사를 했어요. 새벽 여섯 시쯤 되면 학생들이 고무신 신고 오는데 겨울에는 '정말 왜 이리 춥지?' 하는 생각이 날 정도로 추웠어요. 톱밥 난로가 하나 있었는데, 그 난로를 제대와 가까운 데 놓았어요. 그러면 제대를 조금은 따뜻하게 할 수 있었어요. 성작도 다 천으로 감쌌어요. 너무 추우면 마실 때 입에 붙을 수 있으니까. 또 감실 안에 있었던 성체를 손으로 잡으면 차갑죠. 그때는 신자들이 성체를 하나씩 하나씩 입으로 모셨어요. 손으로 받지 않았어요. 나는 그때 아이들이 신었던 고무신이 자꾸 생각나요. 나도 고무신을 신었어요. 양말에 구멍 나고, 가난했지요. 그렇지만 신앙심은 엄청났어요. 요즘은 그런 신앙심을 찾아볼 수 없을 것 같아요. 한국에 와서 처음 10년 동안 마음이 참 좋았어요. 지금은 몸은 편안하지만 마음은 그렇지 않아요.

아이들과 놀던 기억도 있습니다. 재미있는 게임을 했어요. 북문로성당에는 조그만 마당이 있었어요. 그래서 밖에서 책도 보

• 신자가 큰 병을 앓아 죽을 위험에 처했을 때 받는 성사로 근래에는 병자성사라고 한다.

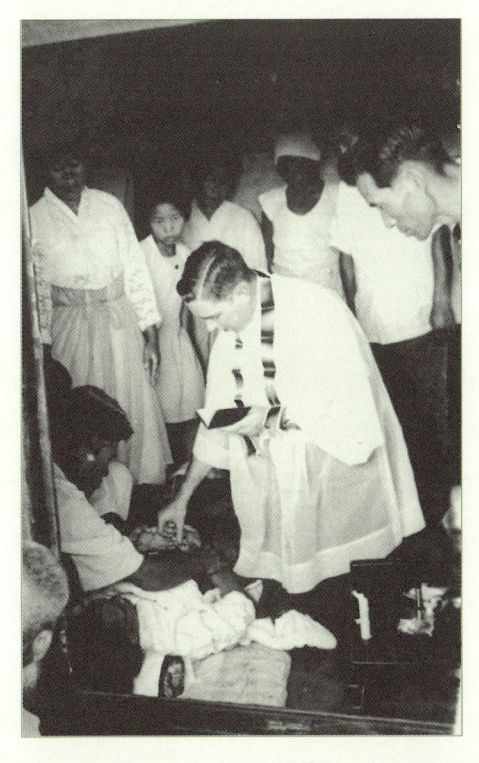

1960년대 병자성사.

첫 번째 성탄 즈음에 종부성사를 할 때였어요.
시신이 차가워지니까 벼룩이 제게 옮겨왔어요.
따뜻한 몸으로.

고 생각도 하곤 했지요. 여름에 대여섯 살 된 남자아이들이 바지도 입지 않고 마당에 서서 저를 구경했어요. 그러면 제가 "오늘 점심때…… 귀 먹을까? 눈 먹을까? 입도 먹을까?" 이렇게 말하며 다가가면 막 놀래서 소리 지르고 도망가고. 그다음에 또 가까이 오면 또 놀라게 하고, 게임하고. 아이들과 노는 거는 엄청 재미있었어요.

생각나는 에피소드가 참 많아요. 다 기억나요. 공소를 방문할 때면 밥을 대접해 주는데 반찬은 시금치와 당시 귀했던 김, 밥은 이불 속에서 따끈하게 내 오고. 아무튼 없는 형편에도 정성껏 대접해 주셨어요. 자신들이 먹을 것도 부족했을 텐데도.

우리는 빵하고 고기는 거의 먹지 않았어요. 제가 괴산 본당에 있을 때인 1982년에도 괴산에는 빵집이 없었어요. 증평에 가야 겨우 먹을 수 있었어요. 고기는 5일장에 가야 살 수 있었지요. 물론 청주시에 가면 언제든지 살 수 있었겠지만 너무 가난했던 우리는 감히 그런 것들을 살 생각을 하지 못했어요. 그때와 비교해 보면 지금은 사는 형편이 엄청나게 좋아졌어요. 지금도 그 시절이 아련하게 떠올라요. 제가 경험했던 이런 것들이 다 한국적이었던 것 같아요. 모든 게 다 좋았어요.

수동본당 주임신부 1966~1982

그때는 청주 시내에 본당이 세 개밖에는 없었어요. 내덕동, 북문로3가, 서원동. 그래서 파 주교님께서 수동에 새 성당을 짓고 싶어 하셨어요. 그런데 돈이 턱없이 부족해서 걱정이 많았죠. 그래서 제가 미국에 있는 본가에 연락했어요. 혹시 제게 올 재산이 있으면 미리 좀 받았으면 좋겠다고. 마치 성경에 나오는 이야기˙처럼. 그렇게 해서 할머니와 할아버지께서 주려고 했던 유산을 미리 받게 되었지요. 그 돈으로 수동에 땅을 샀습니다. 오천 평, 그때는 시내인데도 굉장히 쌌어요. 그리고 그 자리에 새 성전을 지었지요.

그렇게 수동성당은 할머니 할아버지의 유산을 미리 당겨 받아서 지은 본당이었어요. 청주 시내 한복판, 연탄 공장 바로 옆에 있었지요. 그때는 아파트가 없었어요. 1966년 8월 15일 제 생일에 파 주교님께서 축성해 주셨지요.

성당 축성하기 전 경덕수 신부님하고 리어카를 끌고 밀어서 겨우겨우 이사를 마쳤어요. 그다음 둘이 성당 앞에 앉아서 앞

• 루카 복음(15장 11~32절)에 나오는 "되찾은 아들의 비유"에서 작은아들이 "아버지, 재산 가운데에서 저에게 돌아올 몫을 주십시오."라고 청한 것을 가리킨다.

으로 어떻게 살아야 하나 생각했어요. 왜냐하면 건물이 크니까 운영하기 힘들겠다는 생각이 들었거든요. 파 주교님은 그때도 좋은 말씀을 해 주셨어요. "절대로 신자 앞에서 강론할 때 돈 이야기는 하지 마라, 신자들 앞에서 메리놀회 사제답게 행동하라."고 충고하셨던 기억이 나요. 제게 말씀하셨어요. "신부는 영성의 아버지라는 점을 꼭 기억하세요. 신자들을 부끄럽게 하지 마세요."

요즘은 웬만한 일은 사목회에 맡기면 되는데 당시에는 "사목회" 조직 자체가 없었어요. 그래서 우리가 사목회를 꾸리기 시작했지요. 사목회원들로는 성당에서 연배가 많은 분들, 아주 어른들을 모셨습니다. 사목회 회원들은 자꾸 만나서 얘기하고 서로 도울 일이 많았습니다.

신자들끼리 서로 협조하지 않으면 일이 안 되는 경우가 많았지요. 한 가족처럼 여기고 교우들 의견을 들어가며 여러 가지 일을 했어요. 수녀님들도 수녀원에서 유치원도 하고 부인들을 가르쳤어요. 하여튼 본당을 운영하면서 평신도, 수녀님, 보좌신부님과 자주 만나서 의논했어요. 아무리 사소한 일이라도 만났어요. 서로 형제와 같은 사랑이 있었죠. 우리는 늘 너 나 할 것 없이 서로 협조했어요.

수동본당 시절 초기에 제2차 바티칸공의회 결정으로 전례가 바뀌었지요. 미사도 라틴어가 아니라 한국어로 바뀌었어요. 그때 조금 힘들었어. 그렇지만 신자들은 어렵지 않았어요. 오히려 좋아했지.

본당 일을 하면서 힘든 일도 많았어요. 본당 안에서 서로 싸우는 것 때문에 맘 상한 일도 있었죠. 마음처럼 잘 안 되는 일도 있었고, 섭섭한 일도 많았어요. 그러다가 냉담하는 사람도 있고. 성당에는 별별 사람이 다 있었어요. 미사 중에 다른 사람 새 고무신을 몰래 신고 가 버리는 사람도 있고, 심지어는 신도들끼리 계모임을 하다가 곗돈 떼먹고 달아나 버리는 경우도 있었어요. 또 한밤중에 술 마시고 사제관에 와서 "신부님 보고 싶었어요!" 하고 소리치다가 갑자기 고해성사 하고 싶다는 사람도 있었어요. "지금은 안 돼요, 집으로 가세요." 하면 "못난 자식, 이만 물러가겠습니다." 하고 인사한 뒤 가버렸지요. 하하.

학생들 가운데도 기억에 남는 친구들이 몇몇 있어요. 어느 해인가 학생들이 사제관 뒤에서 몰래 담배 피우는 것을 봤어요. 그 아이들 중 학생회장이 제게 다가와 "신부님 혹시 양담배 갖고 계세요?" 하고 물어서 있다고 그랬죠. 그랬더니 아버지께서 양담배를 구입하고 싶다고 했대요. 핑계였죠. 하지만 모른 척하고 줬어요. 사실은 그 학생들이 담배를 피우는 거지. 그 시절 시골에서는 학생들이 담배를 일찍 배웠어요. 그래서 몰래 피는 거

사제 서품 5주년 기념 잔치. 1965.
우리는 특별히 파전을 많이 부쳤어요.
옛날에는 다들 배가 고팠으니까.
그냥 나눠 주는 것보다 마치 잔치 음식을 나누는 것처럼
부담 없이 먹을 수 있게 했어요.

보고 그랬지. 그랬던 아이들과도 아직까지 연락하고 지내요. 지난 월요일에 그때 고등학생이다가 지금 청주교구에서 사제로 있는 신부님이 여기 와서 점심 식사를 함께했어요. 고등학생이었을 때부터 봉사하면서 신부가 되고 싶다고 했었죠.

성당에 놀러 오는 아이들은, 복사하는 아이들, 주일 미사에만 나오는 아이들, 예비신자, 아직까지 교회에 나오지 않았던 동네 아이들이 다 같이 섞여 있었어요. 아이들은 호기심이 많았지요. 같이 잔치하고 선물을 나눴어요. 매번 모일 때면 귤이나 다른 데서 선물 받은 것들을 나눠 주곤 했지요. 그렇게 하면 아이들이 좋아하면서 다음에도 성당에 나가 보고 싶어 했고, 더 열심히 참석했어요. 당시 학생들이 놀 수 있는 자리가 별로 없었으니까 성당에 와서 노는 걸 좋아했던 것 같아요. 우리는 특별히 파전을 많이 부쳤어요. 옛날에는 하여튼 다들 배가 고팠으니까. 그냥 나눠 주는 것보다 마치 잔치 음식을 나누는 것처럼 부담 없이 먹을 수 있게 했어요. 성당에 와서 친구들과 놀 수도 있고, 음식을 나눌 수도 있고…… 아무튼 성당에 가면 마음이 편안하다는 느낌을 주려고 했죠. 우리 모두 하느님의 사랑을 받을 수 있다고 늘 그렇게 얘기했지.

처음으로 학생들하고 부모님이 같이, 특히 어머니들에게 피정 기회를 주었던 게 기억에 남아요. 여름이면 수동성당이나 괴산성당에서 여름 성경 학교를 열었는데 아이들이 모여서 교리 공부할 때마다 어머니들이 많이 도와줬어요. 간식으로 국수도 말아주고. 무척 고마웠죠. 그래서 1년에 두 번씩 광주에 있는 "예수 고난회" 명상의 집으로 피정을 갔어요. 그때는 피정의 집이 많지 않았어요. 조치원에서 기차를 타고 광주까지 갔어요. 기차는 밤 11시쯤 떠나서 광주에 아침 6시 정도에 도착했어요. 재미있었어요. 모두 좋아했지. 아이들하고 어머니들이 같이 갔어요. 지금은 광주교구의 대주교님으로 계신 김희중 신부님이 당시 지도 신부님으로 학생들을 맡았어요. 옛날에 함께 찍은 사진도 있어요. 김희중 신부님도 그때를 기억하고 있어요. 당시에 학생들을 피정시킬 수 있는 기회가 별로 없었거든.

또 수안보하고 연풍까지 성지순례도 갔었어요. 옛날 유럽의 신자들이 성지를 순례하듯 진짜 걸어갔지. 아이들은 소풍을 가는 것처럼 무척 좋아했어요. 가다가 힘들면 조금 쉬고 준비해 간 간식도 앉아서 나눠 먹고 진짜 성지순례하는 것처럼. 성지순례가 신앙을 튼튼하게 하는 데 참 좋아요.

서울에도 순교자의 발자취를 따라갈 수 있는 순례길˙이 있었어요. 그래서 그 뒤에 신학생들을 서울에 있는 "예수 고난회"에서 피정시킬 때 한 명당 5천 원을 주고 순례길을 묵언 속에 걷게 했어요. 5천 원과 물만 갖고 걸어 다니면서 순교자들을 생각하며 묵상하고…… 신앙심을 키울 방법은 많아요. 어느 날은 밖에서 일을 시키고, 어느 날은 단식을 권유했어요. 한두 시간 풀도 뽑게 했어요. 저절로 겸손한 마음이 들어요. 일을 하면서 예수님을 만날 수 있습니다.

그다음에는 십자가 길**이 있죠. 우리 성당에서는 십자가의 길 기도를 바치면서 하나씩 하나씩 스스로 묵상하는 방법도 있고, 몇 주에 걸쳐서 하루에 세 개씩 묵상하는 방법도 있었습니다. 예수님이 고통받는 마음을 되새기며 일상에서 자신의 고통에 대해 생각해 보는 게 중요하지요. 그래서 십자가의 길 기도를 할 때면 무척 진지하게 했습니다. 예수님이 쓰셨던 가시관도 들고 가고, 아주 크고 무거운 나무로 만든 십자가도 들고 가고. 어머니들은 성가를 부르던지, 아니면 마음속으로 기도하며 따르고, 앞장선 신부가 하는 거 그냥 함께 보기도 하고. 아무튼 기도를 드리는 과정에서 진짜 자기 삶에서 느끼는 고통에 대해

- 서울의 순례길은 시간이 지나면서 차츰 개발되어 현재 순례지 24곳(총 44.1킬로미터)을 잇는 길이 되었다. 이 순례길에는 서울 명동성당, 가회동 성당, 광화문 시복 터, 서소문 역사 공원, 중림동 약현성당, 삼성산 성지 등 대표적인 순교 성지와 천주교 유적이 포함되어 있다. 서울 순례길은 2018년에 교황청으로부터 국제 순례지로 승인받았다.
- •• 가톨릭 신심 행위 가운데 하나로 예수 그리스도의 수난과 관련된 중요한 사건 열네 가지를 하나하나 묵상하며 바치는 기도

생각했어요. 그리고 항상 토론하고 이야기를 나누었죠.

성탄절에는 아이들이 예수님을 가마에 모시고 구유로 옮겼어요. 대림절이 시작될 때 빈집을 만들어요. 그다음엔 봉헌할 때 집에 짚이나 쌀겨 가져와서 거기 놔 누고, 성탄을 준비하는 거죠.

해마다 정월 초하루에는 예수님께 편지도 썼어요. 신년 자정 미사 때, 정확히는 자정 미사 드리기 30분 전쯤에 신도들이 다 모여서 예수님께 편지 쓰고 미사가 다 끝난 다음에는 그 편지를 불태웠지요. 옛날에 불교에서 그렇게 했대요. 그래서 우리도 그렇게 했지요. 신자들은 다 좋아했었지. 형식적인 신앙이 아닌 항상 살아 있는 신앙생활을 하려면 어떻게 해야 하는지 생각했던 것 같아요.

할머니들에게 묵주기도 하는 방법을 알려드릴 때는 한 단이 끝날 때마다 "예수님께 하고 싶은 말 있으면 다 하세요" 하고 말씀드렸어. 할머니들 평소에도 그런 말씀을 많이 하셨거든. "예수님, 이제 오래 살아서 저도 좀 가고 싶은 생각이 들어요." 라든지. 마음속에 걱정이 있으면 무엇이든지 말하라고 했지요. 예수님께 그냥 편하게 말씀하시라고. 왜냐하면 그렇게 삶과 연결되지 않으면 신앙이 아무 의미가 없다고 생각했거든요.

1972년 제가 수동성당에 있을 때 어머니가 한국을 방문했어요. 어머니 환갑잔치를 수동성당에서 해 드렸어요. 어머니가 한국에 오실 때 텔레비전을 가져오셨어요. 당시 KBS에서 하는 "여로(旅路)"라는 드라마가 아주 인기가 많았어요. 어느 정도 인기였냐 하면 드라마 보느라 사람들이 안 다녀 길거리가 한산할 정도라고 다들 그랬지. 우리 성당에도 사람들이 드라마를 보느라 저녁 미사에 안 왔어요. 그래서 미사 시간을 "여로"가 끝나는 시간으로 미뤘어요. 그러고는 사제관에서 "여로"를 다 같이 봤어요. 어머니가 가져온 텔레비전 덕분에 사제관이 안방극장이 된 거죠. 하하. 다 같이 드라마를 본 다음 미사를 드렸어요. 그래서 미사에 많이 나오셨죠. 하하.

어머니는 한국에 다녀간 지 3년만에 대장암으로 돌아가셨어요. 돌아가시기 전 한동안 호스피스 병동에 계셨어요. 1975년 4월 17일에 돌아가셨죠. 이 날짜는 여러 가지 이유에서 평생 잊을 수가 없어요. 1960년 4월 17일에 제가 선교지로 한국으로 가게 된다는 발령 통지를 받았거든요. 저는 주교님 허락을 받고 어머니 장례식에 참석할 수 있었습니다.

장례식 때, 제가 가르쳤던 공군사관학교 졸업생 중에 미국에 있는 예닐곱 명 정도가 왔어요. 어머니 하관할 때 그 청년들이 가곡 "보리밭"을 노래해 주었어요. 우리 어머니가 한국에 방문했을 때 가곡 "보리밭"을 참 좋아했거든요. 참 아름다운 음악이지요.

청주교구 총대리 1970~1989

1970년 6월 25일 정진석 주교님께서 청주교구 교구장이 되면서 제가 총대리˙가 되었어요. 교구청과 수동본당은 5분 거리로 가까웠어요. 오전에는 본당 일을 하고 오후에는 언제든지 교구 일을 할 수 있었지요. 정진석 주교님이 하는 여러 가지 사목 일을 도와드렸어요. 그 시절 여러 가지 참 많은 일을 했어요. 어떤 면에서 일을 나눠 할 만한 사람도 부족했고, 그때만 해도 제가 젊었을 때라 이 일 저 일 가리지 않고 할 수 있었어요.

  정진석 주교님이 오시고 나서 박정희 대통령을 여러 번 만났어요. 당시 대통령이 청주시 유지들을 만나러 종종 왔었어요. "유지"라는 말뜻을 잘 몰랐었는데 한 신부님이 제게 "기름종이"라고 알려 줬어요. 한참 뒤에 그 뜻이 아니라는 걸 알았지요. 덕분에 더 잘 기억하게 됐어요. 하하. 그 자리에 서양 사람은 저 혼자밖에 없었어요. 박 대통령은 좋은 자리에 앉아서 혼자 찬이 다른 상을 받고 식사하던 게 떠올라요. 식사하기 전에 우리를 한 사람씩 소개했어요. 아무튼 박정희 대통령과 최규하 대통령은 먼 데서 본 적이 있지요. 그 시절 청주는 충청북도의

• 교회법 규범에 따라 교구 전체에서 모든 행정 행위를 하기 위해 직권을 가지고 교구장 주교를 보좌하는 이

대표 도시라서 1년에 한 번씩은 들렀던 거지요. 최규하 대통령은 영어를 무척 잘했어요.

유신 시대는 모두가 알다시피 엄혹했던 시절이라 신자들이나 몇몇 신부님들이 잡혀간 적이 있었어요. 그러면 경찰서에 가서 "아유, 좀 봐 주세요" 하면서 빼왔지요. 그렇게 하면 웬만하면 봐 줬어요. 그때만 해도 가톨릭교회가 사회 복지, 교육 등 다양한 분야에서 좋은 일을 많이 해서 그런지 둘레에 도와주려는 분들이 많았어요. 도립병원(현 충청북도 청주의료원) 의사들도 그랬어요. 신자들이 아프면 병원에 방문해야 하잖아요. 병원 문턱이 좀 높은 편이었는데 제가 "선생님, 이번에 신자가 아파서 좀……." 하고 말하면 환자를 잘 받아 줬지요. 천주교회에 대한 인상이 좋았어요. 천주교회에서 구제품들 나오잖아요. 그 시대에는 애덕 사업을 많이 했었죠. 하여튼 가톨릭 신자든 신자가 아니든 모두가 교회에 잘해줬어요. 그거를 느꼈어요.

유신 시대 때는 상황이 점점 더 안 좋아졌어요. 그때는 정진석 주교님도 신부님들이 유신에 반대하는 것을 완전히 막지는 않았어. 그렇지만 청주교구 안에서는 안 되고 서울에서 하는 것은 눈감아 주셨어요.

어느 날 청주교구 사제가 경찰서에 잡혔어요. 그래서 정진석 주교님이 저를 경찰서로 보냈어요. 잡혀간 신부님을 데리고 오라고. 그래서 경찰서에 가서 "신부님을 만나고 싶다."고 하니 거기 없다고 해요. 그래서 경찰서에 계속 가만히 앉아 있었어. 한마디도 안 하고 앉아 있었어. 경찰서 분위기를 어색하게 하는 거지요. "아유, 신부님 이제 제발 가 주세요. 우리 이제 회의 해야 해요."라고 하면 "아뇨, 주교님께서 제게 하신 말씀이 있어요, 잡혀간 신부님이 나올 때까지 제가 있어야 해요." 하고 얘기했죠. "신부님, 이제 제발 가세요. 이곳엔 신부님이 찾는 분이 없어요. 아유." 형사가 계속 거짓말을 한 거지요, 사실 경찰서 안에 있었어요. 나중에서야 "어휴!" 하며 이야기해 줬어요. 자기들도 면회를 시키려면 허락을 받아야 했겠지요. 결국 잡혀간 신부님을 만났어요. 그런데 신부님이 이렇게 말했어요. "함 신부님, 저는 서명 안 해요." 나는 "걱정하지 마세요. 신부님은 가만히 계세요." 하고 말하고 제가 그냥 대신 서명했어. 앞으로 데모 안 한다는 각서를 대신 쓴 거죠. 사제들은 주교님과 정치적인 견해나 입장이 달라도 주교단의 결정에 따라야 하지요.

그때는 경찰의 감시가 심했어요. 정부에서 기관, 단체, 민간인 할 것 없이 다 사찰했었지. 저 사람이 어디로 가는지, 무엇을 하는지, 다 보고했어요. 형사들이 우리 주보도 다 살펴봤어요. 사실 형사도 위에서 시키는 대로 할 수밖에 없었겠죠. 그래서 형사에게 "아휴, 오세요. 한 번 같이 한잔해요." 하고 초대한 적

수동본당에서 연 어머니 회갑연. 1972.

어머니 환갑잔치를 수동성당에서 해 드렸어요.
어머니가 한국에 오실 때 텔레비전을 가져오셨어요.
신도들과 사제관에서 "여로"를 다 같이 봤어요.
드라마를 본 다음에 미사를 드렸어요.

도 있어요. 형사가 나중에 얘기했어요. "신부님 우리도 좀 어려워요. 성당 안에서 어떤 일이 일어나는지 보고해야 해요. 솔직하게 이야기해 주세요. 모여서 주로 무슨 이야기 하세요?" 우리가 모일 때마다 형사가 맨날 왔어요. 그래서 좀 착잡했었지요.

우리 동창 신부님 가운데 진 신부님(진필세, 제임스 시노트 신부)은 박정희 유신 독재에 반대해서 거세게 저항 운동을 펼쳤어요. 데모 많이 하셨죠. 진 신부님은 나중에 추방되셨지요. 신부들끼리 갈라졌어요. 우리끼리도 마음이 안 맞았어요. 예를 들어 진 신부님 추방 문제만 해도 그랬지요. 주교님들이 원하는 대로 따라야 한다, 아니다로 논란이 많았죠. 청주교구 정진석 주교님은 보수주의자였어요. 난 총대리이니까 주교님을 따라야 하잖아요. 그래서 물론 겉으로는 아무 반대도 하지 않았어요.

가정 방문

청주교구에 있을 때 집집마다 방문을 참 많이 했어요. 방문해서 집도 축복하고 교적도 정리하고 서로 모여 앉아서 이야기도 나눴지요. 방문하면 집주인이 가벼운 다과를 내 오시는데 한 번은 어떤 집에서 환타인지 오렌지 주스인지를 내오셨는데 맛이 조금 다른 거예요. "어! 맛이 왜 이래요?" 알고 보니 환타에 소주를 탔어. 요새 말로 과일 소주인 셈이었지. 그래서 그날은 아침 10시쯤부터 소주를 마신 셈이에요. 몇 집에서 그렇게 했어요. 아유, 그날 어지러워서 혼났어요.

수동본당에 있을 때였어요. 방문할 집이 시내에 있으면 가정 방문하다가 사제관에 가서 점심 먹고 다시 나올 수 있는데 시골로 방문을 가면 그렇게 할 수가 없었지요. 그러면 신자들끼리 미리미리 어느 집에서 식사할 건지 정해 놓고 먼저 방문한 집의 교인들이 다음 방문할 집에 함께 가요. 그러다 보면 점점 사람들 숫자가 많아지지요. 방문하는 날이 마치 동네잔치처럼 떠들썩해지던 그런 시절이었어요. 어떤 때는 수녀님들도 함께 방문하고. 왜 이런 모습들이 더 그립고 더 또렷하게 떠오르는지 몰라. 그 시절은 전부 다 좋았어요.

그러다가 어느 한 집에 다 모일 때 고해성사를 주기도 하고 미사를 봉헌하기도 했어요. 미사 봉헌은 가정집에 제대가 따로 없어서 넓고 평평한 발 달린 텔레비전을 제대 삼아 위에서 진행하기도 하고. 겨울철에 신도들 가정 방문을 하면 보통 안방에 둘러앉는데 외풍이 있어 방 공기는 찬데 바닥 온돌은 뜨거워서 두 시간 정도 앉아 있기가 좀 곤욕이었지요. 하하.

그때를 생각하면 요즘은 격세지감을 느껴요. 신자들 대부분 아파트에 사니까 모이기가 힘들지요. 지금은 우리가 어떻게 만나야 할지 고민해야 해요. 그게 가장 큰 문제죠. 옛날에는 시골에 오일장이 서는 장날이면 신자들이 모였죠. 장에 가면 신자들을 만날 수 있었고요. 지금은 접촉할 수 있는 기회 자체가 많지 않아요. 주일 미사 시간 아니면 성당 모임 있을 때만 신자들을 간신히 만날 수 있지요.

그래서 이제는 신부님들이 신자들을 열심히 찾아나서야 해요. 예를 들어 신자가 아플 때는 그가 있는 곳에 찾아 가야 해요. 물론 병원마다 원목 신부님이 계시지만 본당 가족이 있는 곳에는 본당 신부가 방문해야지요. 그리고 장례식장에 빈소를 방문하면 거기서도 신자들을 만날 수 있어요. 요즘은 신부님들이 본당 신자 장례식 때도 장례 미사만 집전하고 장지까지는 안 가시는 것 같아요. 옛날에는 장지까지 다 함께 갔어요. 하여튼 신자들을 더 많이 만날 수 있는 방법을 생각해야 돼. 어디 가야 많이 만날 수 있는지.

교황 훈장 서훈 1980

1980년에 교황님께 훈장을 받았어요. 제가 신청한 게 아니었어요. 정진석 주교님께서 추천하셨죠. 제가 그때 벌써 10년째 총대리를 하고 있었죠. 사실 주교님께서는 저를 몬시뇰[*]로 만들려는 생각이 있었나 봐요. 그렇지만 제가 얘기했어요. "우리 선교사는 몬시뇰이 되면 안 돼요."

어쨌거나 신청이 받아들여져서 교황청에서 훈장을 주셨어요. 요한 바오로 2세 교황님이 주셨지요. "교회와 교황을 위한 훈장(Pro Ecclesia et Pontifice)"이라고 해요.^{**} 주교님께서는 교황님께 훈장을 서훈 받은 것과 함께 신부가 된지 20주년이 되었다고 기념하여 수동본당에서 잔치를 크게 베풀어 주셨어요. 청주교구의 사제들이 다 와서 축하해 주었어요. 잔치에는 장익 주교님도 참석했지요. 하여튼 기쁜 일이었어요. 사실 받기 쉽지 않은 훈장이었어요. 그때까지 한국에서는 그 훈장을 받은 사제가 아직 없었어요. 덕분에 언론 인터뷰도 좀 하고 외부에 좀 알려졌어요. 제가 언론 인터뷰에서 "원래 오른손이 하는 일을 왼손이 모르게 항상 겸손하라고 했는데 이렇게 동네방네 상 받은 걸 다 소문냈으니…… 전 이제 천국에 가도 아무것도 못 받겠어요." 하고 말했어요. 사실 그 훈장은 모든 메리놀 신부님

---

* "나의 주님"이라는 뜻으로 주교품을 받지 않은 가톨릭 고위 성직자에 대한 칭호이다. 교황청 고위 성직자 또는 지역 교회 교구장의 추천을 받은 덕망 높은 성직자가 교황에게 몬시뇰(Monsignor) 칭호를 받는다.
** 교황이 가톨릭교회를 위해 특별하게 헌신한 성직자나 평신도에게 수여하는 상으로, 금으로 만들어진 십자가 훈장에 성 베드로 사도와 성 바오로 사도의 모습이 새겨져 있다.

교황 요한 바오로 2세로부터 훈장 서훈. 1980.
저는 이 세상에서 미리 상을 받았으니까
하늘에서 받을 상이 없어요.

들을 대신해서 제가 받은 거라고 할 수 있어요. 그렇게 생각했어요. 그날 잔치에 오신 분들에게도 비슷한 얘기를 했어요. 그래서 반 농담으로 이렇게 말씀드렸죠. "우리 모두 인생의 마지막 순간 죽음 앞에 서 있을 때 여러분은 천국으로 곧바로 가고 아무래도 전 연옥에 오래 머물다 갈 것만 같아요. 저는 이 세상에서 미리 상을 받았으니까 하늘에서 받을 상이 없어요. 여러분은 더 아름다운 상을 받을 거예요."

괴산본당 주임신부 1982~1989

수동본당에서 주임신부로 16년을 지낸 다음에 그곳을 떠나게 되었습니다. 한곳에 너무 오래 있었어요. 물론 수동성당은 특별한 추억이 담긴 곳이라 떠나고 싶지 않았어요. 할아버지 할머니가 미리 남겨준 유산으로 세웠고, 구석구석 제 손때가 묻지 않은 곳이 없는 느낌이었죠. 어머니 환갑잔치도 이곳에서 했어요. 제게는 정말 특별한 곳이라 정을 떼어 내기가 쉽지 않았어요. 떠나고 싶지 않았지만 떠나야 했지요. 나는 여러 번에 걸쳐 아쉬운 마음을 덜어내야 했어요. 힘들었어요. 많이 울었죠. 정이 많이 들었으니까. 시간이 좀 지난 뒤에야 주교님께 이야기할 수 있었어요. 어려운 곳, 남이 가고 싶지 않은 곳으로 보내 달라고.

그때 괴산본당에 사고가 있었어요. 그곳에서 본당 사제가 어떤 실수를 해서 교회에 어려움이 많았죠. 주교님께서 제가 괴산본당에 가주면 교구에 도움이 되겠다고 했죠. 그래서 "가겠습니다." 했죠. 거긴 주일 미사에 신자가 평균 다섯 명, 많아야 열 명 정도밖에 안 나왔어요. 신부님들 이동도 잦았어요. 신부님이 짧으면 1년, 길면 2년마다 바뀌었죠. 그러다 보니 경제적으로도 무척 어려웠지요, 냉담자도 많고 신자들끼리 마음이 안 맞아서⋯⋯ 교회가 그런 상황이면 교인들도 그럴 수 있겠다고 생각했어요.

괴산성당에 부임한 첫째 날이 떠올라요. 사제관 밖으로 나가서 한숨을 쉬고 있었죠. 깜깜한 하늘에 별이 보이고 바람은 을씨년스럽게 불고. 이제 어떻게 해야 하나 막막했죠. 사제관 안에는 쥐도 있었어요. 여러 가지로 아주 수동본당과는 비교가 안 되었어요.

처음에 괴산본당에 왔을 때 어떤 할머니가 제게 물었어요. "신부님은 언제까지 계세요?" 그래서 "아직 날짜는 결정하지 않았어요. 한동안 지낼 예정입니다." 하고 말씀드렸어요. 할머니가 믿지 않는 눈치였어요. "아니요, 신부님. 다른 신부님들도 다 그렇게 말씀하셨지만 전부 다 금방 가셨어요. 성탄을 한 번 아니면 두 번 정도 지내고는 떠났습니다." "아뇨, 할머니. 마음 편안히 가지세요." 결국 괴산본당에서도 1982년부터 1989년 메리놀 한국 지부로 발령이 날 때까지 8년 동안 있었어요. 그곳을 떠날 때도 사실은 더 있고 싶었어요.

부임하고 나서 보니 괴산본당 상황은 몹시 어려웠어요. 공소가 열네 곳이나 있었어요. 주일마다 본당 미사 2대를 하고 공소 두 군데를 방문해서 미사를 드렸어요. 그렇게 하면 고해성사 줄 때도 졸릴 정도로 피곤했지요. 성당 운영도 쉽지 않았죠. 주일 헌금이 3만 원 정도밖에 안 걷혔어요. 수녀님 만 원 드리고 제가 만 원 갖고 나면 본당 운영비는 만 원이 겨우 남았어요. 그래서 공군사관학교와 청주대학교에서 또 영어를 가르쳤어요. 거기에서 한 달 동안 받는 급여가 천 달러예요. 백만 원. 그 돈으로 본당을 운영했지요. 그래도 먹을 것은 안 떨어졌어요. 본당 신자들이 농사를 지으니까 쌀과 채소 농작물들을 이것저것 가져다 줬지요. 그때 섰던 5일장도 기억에 남네요. 5일장이 설 때마다 장에 나가서 신자들을 만났어요.

괴산본당에서도 수동성당에 있을 때처럼 신자들하고 친했어요. 신자들이 신부가 집에 오는 것을 당연하게 생각했지요. 집에 가서 강복하고 어떻게 사는지 살피고. 공소에 가면 미사 봉헌하고 끝난 다음에 다 같이 둘러앉아서 삶은 계란을 안주 삼아서 소주도 나눠 마시곤 했어요. 참 좋았어요. 그때 한 신자분이 서양 신부님은 어떤 음식을 좋아하냐고 물었어요. 그래서 좀 더 친해지고 싶은 마음에 삼계탕을 좋아한다고 말씀드렸어요. 그랬더니 열네 군데 공소를 방문할 때마다 삼계탕이 준비돼 있었어요. 하하.

괴산본당에 있으면서 1982년 1년 동안 맹아학교 일도 함께 했어요. 충주 성심맹아학교. 메리놀회 옥 신부님(옥보을 신부님, 미국 이름 조셉 보어)이 1955년부터 시작한 일이에요. 이 학교는 지금도 있어요. "충주성심학교"라고 해요. 제가 있던 괴산본당에서 맹아학교까지 차로 가면 가까웠어요. 맹아학교를 맡아 주실 신부님이 오실 때까지 제가 학교 일과 본당 일을 같이 했죠. 포니 왜건˙을 직접 몰고 다녔지요. 성심맹아학교에서 학생들을 가르치는 선생님들은 대학생들이 많았어요. 다 천주교 신자는 아니었던 걸로 기억해요. 그렇지만 좋은 사람들이 많았지요.

공군사관학교와 청주대학교에서 영어를 가르쳤던 경험도

• 세단의 지붕을 뒤쪽까지 늘려 뒷좌석 바로 뒤에 화물칸을 설치한 승용차

1980년대 괴산본당 미사.

어떤 할머니가 물었어요.
"신부님은 언제까지 계세요?"
"한동안 지낼 예정입니다."
"다른 신부님들도 다 그렇게 말씀하셨지만 전부 다 금방 가셨어요."
괴산본당에서 8년 동안 있었어요. 서울로 가게 되었지만
괴산을 떠나고 싶지 않았어요.

좋았어요. 재미있었던 일화가 많아서 기억에 남아요. 수업에 들어가서 처음에는 한국말을 모른 척 했어요. 그래서 시치미를 뚝 떼고 "How are you today(오늘 어때요)?"라고 묻고 시작했죠. 그때만 해도 원어민 교수가 많지 않던 시절이라 자기들끼리 "아휴, 어떻게 하지? 일 났네." 엄청 당황스러워하며 쑥덕거렸지. 그래서 이름, 취미처럼 쉬운 자기소개부터 시작했어요. 학생들이 부담스러워하지도 않고 수업은 유쾌하게 잘 마쳤던 것 같아요. 수업 끝에 "I think today we should have a lot of homework!(오늘 숙제를 많이 내야 할 것 같아요!)" 하니까 학생들이 "어……." 하며 웅성웅성 해댔어요. 그래서 갑자기 한국말로 "조용히 해요!"라고 큰소리로 말했어요. 학생들이 엄청 놀랬지. 그제야 마치 몰래 카메라처럼 "놀랐지!' 못난이들." 하고 놀렸어요. 하여튼 그 시절 재미있게 지냈어요. 이때 학생들과는 지금도 다 연락하고 지내요.

　이 당시 졸업생들 가운데 몇 명은 신자가 아니어도 제가 결혼식 주례를 섰어요. 신랑 신부가 신자가 아니니까 결혼을 웨딩홀에서 하잖아요. 물론 나는 사제복을 입고 신부 복장이었지. 하지만 사제 신분으로 주례를 선 건 아니었고 제자들이니까 선생 입장에 서서 그냥 주례만 한 거지. 조당˙만 아니면 주

• 세례받은 신자가 가톨릭의 혼인성사를 받지 않고 사회혼을 하는 경우를 이른다. 지금은 조당이라는 표현보다 혼인장애라 부른다.

례를 섰어요. 알아요, 사제가 웨딩홀에서 신자가 아닌 사람들의 결혼에 주례로 서는 것을 문제 삼으면 문제가 될 수도 있겠죠. 둘이서 결혼하고 살다가 혹시라도 이혼하게 되면 그것도 문제지요. 이런 걸 알면서도 예식장에 가서 몇 번 주례를 섰어요.

괴산성당에 있을 때 안구 기증서에 서명했어요. 그때 캠페인을 했어요. 그 당시 메리놀 신부님들은 거의 다 했던 걸로 기억해요. 아직까지 등록되어 있을 거예요. 지금도 그렇지만 기증하는 게 당연한 일이라고 여겼어요. 간이나 다른 장기들도 기증할 수 있으면 좋겠다고 생각했는데······. 지금은 늙어서 기증할 것도 받을 것도 없겠지요. 우리 몸은 살아서나 필요하지 죽으면 무슨 필요가 있겠나 하고 생각해요. 사실 처음부터 옛날 순교 성인들처럼 순교는 못하니까 이걸로 대신한다고 생각했지요, 하하. 우리 본당에서는 해마다 헌혈차를 불러서 헌혈도 했어요. 헌혈은 건강에도 좋아요. 제가 B형인데 적십자에서 헌혈차가 오면 항상 줄 서서 했죠. 제가 하니까 신자들도 따라하지. 하여튼 헌혈차가 성당 마당에 오면 신자들이 줄을 섰던 기억이 나요.

절망과 무력감

~~~

원래 제 성격은 감성적이에요. 센티멘털한 것은 아일랜드 사람의 기질이지요. 본당에 있을 때도 장례식을 하게 되면 무력감이 몰려왔어요. 어떤 남자 신자분이 돌아가셨을 때가 기억나요. 부인하고 아이 넷을 남겨놓고 갔어. 부인께서 "신부님, 이제 우리 어떻게 살아야 할까요? 흑흑." 울면서 하소연했어요. 그때도 정말 절망스러웠는데 어떻게 할 도리가 없었어요. 무척 힘들었습니다. '하느님, 나는 어떻게 해야 합니까?' 하고 속으로 생각했는데 정말 답답했어요.

 신자들 딱한 사정을 접할 때마다 다 도와드릴 수가 없어서 정말 힘들었어요. 암에 걸려 병원에 가도 회복할 방법이 없다고 할 때, 가뜩이나 쓸 수 있는 약도 별로 없는데 가난해서 치료비가 없을 때…… 자꾸 겪다 보면 이골이 날 만도 한데 늘 마음에 상처로 남았어요. 신자들은 왜 그렇게 억울한 일도 많이 생기는지요. 옛날에 곗돈 있잖아요. 본당 신자들끼리 계모임을 했어요. 가난했던 시절이라 신자들 너도나도 함께했는데 계주가 그 돈을 들고 도망갔어요. 나도 무척 속상했지요. 성당에 처음 나온 사람이 신고 온 신발을 누가 신고 가 버렸을 때도 그렇고, 공교롭게도 마침 그 신발이 새 고무신이나 구두였을 때도 그렇고. 겉으로 내색하지는 않았지만 무력감 같은 것이 조금씩 마음에 쌓였던 것 같아요.

　술만 마시면 부인을 때리는 경우도 있었어요. 어느 날은 남편이 술을 마시고 부인을 때렸는데 어찌나 심하게 때렸는지 그 부인 얼굴이 빨간 고기처럼 되었어. 보자마자 "아이고." 소리가 절로 나왔지. 그 부인이 레지오˙ 단원이었는데 제가 늘 "세실리아." 하고 세례명을 불렀어요. 정말 화가 나서 남편을 보내라고 했지. "아유, 신부님 죄송합니다." 본인도 저를 보자마자 부끄러운지 사과하는데도 아주 마음이 상해서 풀리지가 않았어요. "당신이 이야기하는 거 이제 안 믿어요. 하느님께 용서해 달라고 조배하세요! 감실 앞에서 무릎 꿇고." 계속해서 "아유, 부끄럽습니다. 신부님. 이제 앞으로는 절대 술을 마시지 않겠습니다." 한참 있다가 "진짜요? 그럼 글로 쓰세요!" 하고 보속을 줬어요.

　예전에는 본당 사목회장을 신자들 가운데 돈이 많아 사람들 접대를 잘하는 사람이거나 마을에서 유지 행세하는 사람을 임명하는 경우가 왕왕 있었어요. 하지만 경험상 사목회장은 신앙

• 레지오 마리애(Legio Mariae)는 가톨릭 평신도 사도직 단체 가운데 하나로 성모 마리아의 군대라는 뜻이다. 회원은 적어도 일주일에 2시간 정도씩 모여 회합을 갖고 사목 활동을 도와 봉사한다.

심이 깊은 사람을 임명하는 것이 가장 좋았어요. 그래야 본당에 이런저런 문제가 생겼을 때 사목회장님이 어른으로서 도와줄 수 있었어요. 부인을 때린 그 남편 문제도 사목회장님에게 이 사람한테 술 먹지 말게 가까이서 도와주라고 부탁했어요. 문제가 있을 때는 한국 사람끼리 도와주면 해결되는 경우가 많아요.

그래도 나는 좀 무력하지요. 상황을 다 바꿀 수는 없으니까. 해결 안 되는 문제가 너무 많지요. 예를 들어 빚이 많아서 어려움을 겪는 것은 제가 어떻게 해결해 줄 수가 없지요. 보증 섰다가 재산이 다 날라 가고. 그럴 때마다 진짜 절망스럽고 무력한 기분이 들지요. 또 교회에서 신자들끼리 싸우고 서로 맘 상해서 "저 이제 교회 안 나와요!" 하고 말하는데, 한참 들어보면 돈 문제인 경우도 있고, 그러면 정말 듣는 것밖에 할 수 있는 일이 없지요.

절망과 무력감을 느끼는 것은 북한을 방문할 때도 마찬가지예요. 결핵 환자들이 있는 센터를 방문하면 건물 밖에 묘지가 있어요. 죽는 사람이 많지요. 그들은 신앙생활도 못하고 죽었지요. 나는 순교하신 선배 신부님들을 생각하며 북한에서 전교하고 싶었어요. 그런데 그럴 수가 없으니까 그것도 절망이지요.

1989년에 메리놀회 한국 지부장으로 선출되었어요. 그래서 거의 30년 만에 청주에서 다시 이곳 서울 중곡동으로 돌아오게 됐어요. 나는 청주를 떠나고 싶지 않았어요. 그곳은 제 고향이에요.

처음에는 여기서 3년 동안 지부일 하고 다시 청주로 가서 공소 일을 하고 싶었어요. 그렇지만 잘 안 되었어요. 3년만 하고 돌아가겠다고 한 게 또 다시 거의 30년이 지났어요. 청주로 다시 돌아가려던 것이 이제는 그냥 꿈이 되어 버렸어요. 좌절감이 드는데…… 이제는 돌아갈 수 없습니다. 원래는 늙어서 공소에 가고 싶었는데 공소 자리도 없고……. 공소뿐만 아니라 지금은 뭐, 본당 신부가 넉넉해 보여요. 예전에는 늘 사제가 부족했는데……. 사실은 이제 늙어서 몸도 안 돼요. 말도 부족하고. 그래서 속상해요, 이젠 청주는 공소가 아니라 묘지로 가야 하려나 봐요.

이 중곡동 집을 떠나면 일 년 아니면 단 몇 개월이라도 청주에서 살고 싶어요. 청주에 은퇴한 성직자를 위한 집을 짓고 있어요. 은퇴하면 거기 가고 싶어요. 사실은 오늘도 안타까운 전화를 한 통 받았어요. 청주에 메리놀회 소속 1년 후배 신부님이 계신데 넘어져서 다쳤대요. 안예도 신부님. 안예도 신부님은 제가 예전 수동본당에 있을 때 보좌신부였어요. 성모병원에 입원했다는데 여러 가지 지병이 있어서 몸이 불편하대요. 금

년 안에 돌아가실 것만 같은 불안함이 있어요. 그래서 이제 함께 있고 싶은 생각이 간절해요. 멀리서 여러 가지 생각들이 뭉쳐서 떠올라요. 나중에 돌아가시면 장례식은 다 교구에서 하겠지, 미리 미국에 있는 가족과 친척들에게는 알려줘야 할 텐데, 장례식은 어떤 순서로 지내야 할까, 대사관에 가서 여권도 반납해야 할 텐데…….

돌이켜보면 제 뜻대로 일이 된 경우는 거의 없었어요. 청주교구에서 정들었던 수동본당을 떠나고 싶지 않았어요. 하지만 떠나야 했지요. 괴산을 떠날 때도 서울로 오고 싶지 않았어요. 이곳에서 살고 싶지 않았어요. 하지만 어쩌겠어요. 지금껏 살았어요. 그런데 이젠 또 다시 이곳을 떠나야 한다니…… 가고 싶지 않지. 인생은 자꾸 바라는 대로 되지 않고 반대로만 되는 것 같아요.

　…… 한국에 온 뒤에 선교가 로맨스라는 것을 깨달았습니다. 선교사가 되려면 세상과 사랑에 빠져야 합니다.

　…… 뉴욕 메리놀 신학 대학에 다니던 1958년 여름을 존 클로필드 신부님과 보냈습니다. 그때 신부님께서 가르쳐 주신 사제직에 관한 교훈을 잊은 적이 없습니다. 저희 신학생 네 명은 오렌지 농장에서 일하는 멕시코계 미국인들에게 교리를 가르쳤습니다. 클로필드 신부님은 매일 밤 저희를 데리고 멕시코인 가정에 방문해서 함께 식사했습니다. 당시 신부님은 사제관도 사람들을 위해 24시간 열어 두셨습니다.

　…… 수십 년 뒤 한국 괴산에서 저도 신도들 가정을 방문했습니다. 모든 집을 다 가는데 일 년이 걸렸고, 마지막 즈음엔 괴산이 제 집처럼 느껴졌습니다. 그리고 5일장이 열리는 날이면 시장에서 하루를 보냈습니다. 그들과 함께하는 것, 그것이 제가 할 수 있

는 최선이었습니다.

 …… 부산에 처음 도착했을 때 부둣가는 한국 전쟁의 피해에서 회복하지 못한 상태였습니다. 지독하게 가난한 피란민들로 가득했습니다. 함께 왔던 한 메리놀 수사가 티셔츠를 벗어 구걸하고 있던 여성에게 건넸습니다. 그러자 그분은 곧바로 더러운 누더기 옷을 벗고 그 티셔츠를 입었습니다. 제게는 너무나 인상적인 장면이었습니다. 이곳에서 얼마나 많은 일들이 일어날지 느꼈고 그에 압도당했습니다.

 한국어를 배우기 시작한 첫 달은 끔찍했습니다. 사람들과 함께하기를 간절히 바랐는데 갓난아기 수준으로 말할 수밖에 없다는 게 부끄러웠습니다. 그때 지부장이셨던 코너 신부님께 힘들고 두렵다고 …… 집에 돌아가고 싶다고 이야기했습니다. 신부님은 선교 지역을 함께 방문해 보자고 했습니다.

우리는 충청북도 지역으로 떠났고 사람들을 만났습니다. 떠듬 거리며 몇 가지 단어만 나열했는데도 따뜻하게 반응해 주어서 굉장히 기뻐했던 기억이 납니다. 마음의 벽은 그때 부서졌습니다. 코너 신부님은 한국어를 배우기 전에도 그들과 사랑에 빠질 수 있다는 것을 몸소 가르쳐 주셨습니다.

저 역시 클로필드 신부님의 가르침대로 사제관 개방 원칙을 지켰습니다. 처음에는 배가 고픈 사람들이 많이 찾아왔습니다. 매일 밤 사람들이 사제관 문을 두드렸습니다. 운 좋게도 가지고 있던 구호 물품으로 음식을 나누어 줄 수 있었습니다. 국수 공장도 시작했고 집도 지었고 신용협동조합도 만들었습니다. 물론 가장 행복할 때는 세례성사를 할 때였습니다.

…… 1960년대 몇 년 간 사람들과 함께 울고 웃으며 그들과 함께하는 것이 얼마나 중요한지 배웠습니다. 한국 사람들은 이것을 자연스럽게 이해하는 것 같습니다. 한국 인사말로 "안녕하십니

까?"는 "평안하십니까?"라는 뜻입니다. 또 다른 인사말로는 "식사 하셨습니까?"가 있습니다. 생각해 보십시오. 만약 상대가 아직 식사를 하지 않았다면 기꺼이 상대방과 먹을 것을 나누겠다는 마음을 넌지시 나타낸 것입니다. 한국 사람들은 상대방과 기꺼이 함께 하려 합니다.

선교의 로맨스

The Romance of Mission (2003년경)

3부

동무,
동지,
신부 선생,
할아버지

메리놀회 한국 지부장

당시 메리놀회에는 신부님들이 35명 있었어요. 신부님들끼리 다 상의한 다음 지부장을 임명하는데 저는 결과를 몰랐어요. 그러다 연락을 받았지요. 지부장 신부님께서 저를 임명한다고 해서 안 된다고 말씀드렸어요. 이미 결정된 사안이라고 번복할 수 없다고 하셨지만 여러 가지 안 되는 이유를 대었지요. 1년만이라도 연기해 보려고 했는데 어쩔 수가 없었어요. 정말 섭섭했지요. 괴산을 떠나기 싫었거든요. 하지만 떠나야 했지요. 괴산을 떠나 이곳으로 온 날이 1989년 6월 25일입니다. 이상하지요. 왜 6·25 전쟁이 일어난 날 하느님께서 여기로 보냈는지.

서울로 올라와서 김수환 추기경님께 제일 먼저 인사드렸어요. 제가 좀 옛날 사고방식이라 새로운 곳에 가면 두루두루 인사하고 시작하곤 했지요. 이장님, 군수님, 경찰서장님…… 등등 시골에서 다들 그렇게 해서 몸에 뱄나 봐요. 추기경님께 인사드린 다음에는 중곡동 동장님, 광진구청장님 순으로 주욱 인사드렸어요. 처음에는 인사할 사람들이 아주 많았어요. 중곡동에 있던 메리놀회에 누가 찾아오면 늘 같이 밥을 먹었어요. 식사를 챙겨주던 아주머니께서 고생을 많이 하셨지요. 저녁 식사는 좀 덜했지만 점심때 찾아온 손님은 그냥 보낼 수가 없었어요. 하여튼 그렇게 일을 시작했죠.

파리외방전교회, 과달루페 외방선교회, 성 골롬반 외방선교회, 메리놀회 등 한국에 있는 외방전교회가 다 같이 모여 보자고 제안했어요. 2개월에 한 번씩 돌아가면서 모이는 일명 친목회를 만들었죠. 여럿이 모여서 얘기하고 기도하고, 점심 식사를 함께하기로 했어요. 서로 거리감이 느껴졌거든요. 시골 사람들은 동네 작은 일에도 함께 모여 와자하니 떠들썩하게 지내는 것에 비해서 서울 사람들은 낯을 가리는 것처럼 자주 만나지 않았어요.

처음에 3년만 하겠다고 말씀드렸어요. 지부장 임기가 3년이거든요. 3년은 긴 시간이었어요. 총장님께서 제 후임자를 생각하고 계실 거라고 철석같이 믿고 있었죠. 중간에 전화도 한 번 드렸어요. 그랬더니 "생각 중입니다. 걱정 마세요."라고 말씀하셨어요. 그래서 걱정 안 했어요. 3년이 가까워졌을 때 총장님한테서 전화가 왔어요. 그날을 잊을 수가 없어요. 총장님께서 잊지 않고 제 생각을 받아 주셨다고 생각해서 "오, 감사합니다. 청주에 꼭 다시 가고 싶었는데 이제……." 하고 말씀드리는 도중에 "제 말씀 잘 들어보세요. 우리 생각에는 함 신부님께서 3년만 더 지부장을 맡아 주시는 게 좋겠다고……." "뭐라고요?" 비명에 가까운 소리를 질렀어요. "안 돼요!" 정말 실망했어요. 이미 공소로 다시 돌아갈 생각에 들떠 있었는데.

  6년이 지나고 1995년이 되었어요. 이제는 정말 끝났다고 여겼어요. 규정상 지부장은 두 번만 할 수 있거든요. 그래서 이제 "청주로 가겠습니다." 하고 말씀드렸죠. 그런데 그때 새로 임명된 지부장 신부님이 제 선배 선부님이었는데 파킨슨병에 걸렸어요. 그러니까 총장님께서 다시 전화해서 신부님이 아프니까 저보고 부지부장을 맡아 달라고 이야기했어요. 곁에서 도와주라고. 그런 상황에서 어떻게 떠날 수가 있겠어요. 그래서 부지부장이 되었죠. 새로 지부장을 맡은 선배 신부님은 3년 임기를 다 못 채웠어요. 잠시 임시 대행 체제로 운영되다가 그다음에 제가 다시 지부장을 맡게 되었지요. 3년 또 3년. 그렇게 6년씩 세 번을 했지요. 늘 청주로 돌아간다고, 꼭 가고 싶다고 생각했는데 지금까지 이러고 있어요. 아무래도 청주에는 마지막 순간에나 갈 수 있을 것 같아요. 거기 묘지가 있으니까.

  본당 사목과는 전혀 성격이 다른 일이었지만 여기서 나름 기쁘게 지냈어요. 여긴 행정 일이 많았어요. 미국에서 열리는 총회에 참석하고, 아시아와 인근 여러 나라들을 방문하는 일도 많았지요. 메리놀 신부니까 네팔, 태국, 대만, 홍콩, 필리핀, 캄보디아, 베트남, 일본의 도쿄, 홋카이도, 교토 등 다 방문해서 거기 계신 신부님들과 이야기하는 게 일이었죠.

그렇게 다니다 보니 심각하게 느꼈던 문제가 선교 지역마다 아픈 신부님들이 많다는 거였어요. 다섯 분의 신부님을 미국 메리놀 본부에 모셔다 드렸어요. 혼자서는 비행기 여행을 할 수 없을 정도로 편찮으셔서 제가 같이 갔던 기억이 납니다. 장례식을 치러드린 분도 계세요. 그러는 사이에 청주에 가려던 꿈은 점점 더 멀어졌어요. 그런데 희한하죠? 대신 북한으로 가는 길이 열렸어요.

북한 방문

처음 북한에 간 것은 1990년이에요. 미국에 세턴 홀 대학교(Seton Hall University)라고 있어요. 가톨릭대학교인데 총장님이 메리놀회 신부님이었어요. 대선배였지요. 1960년대 제가 한국에 있을 때 그분은 필리핀에서 선교 활동을 하셨어요. 나중에 미국으로 귀국했고 그 대학 총장님이 되셨죠. 그분도 메리놀회 선배 선교사들처럼 언젠가는 북한에 가게 될 거라는 생각을 늘 하고 계셨나 봐요. 총장이 되고 난 뒤 북한과 교환 교수 사업을 추진했어요. 덕분에 세턴 홀 대학 사람들과 함께 교환 교수 프로그램으로 북한에 가게 되었어요. 여담이지만 그때 평양에서 황장엽 씨를 만나서 주체사상 강의를 들은 기억도 있습니다. 하지만 이 사업은 몇 번 진행되다가 중단되었어요.

그 뒤에는 인도적 지원 사업으로 대북 사업에 참여하게 되었어요. 1995년 북한에 심각한 기근이 발생했을 때였어요. 성 목요일˙에 교구 행사에 참석했는데 마침 거기에 미국에 있는 가톨릭 구호 단체인 가톨릭 릴리프 서비스(CRS, Catholic Relief Service) 사람이 하나 있었어요. 우연히 만난 거죠. 그분이 자기가 북한에 다녀왔다고 했어요. 그래서 제가 "아······. 그럼 혹시 제가 북한에 함께 갈 수 있을까요?" 하고 물었죠. 그 사람이 "물론이죠." 하고 말해서 곧바로 메리놀회 본부에 연락했어요. 북한에 가고 싶다고.

북한에 갈 때에는 정말 아주 큰 희망이 있었어요. 메리놀회가 처음에 북한에서 선교를 시작했으니까. 북한에 다시 가게 되어 정말 설레지요. 언젠가 제가 북한에 가게 되기를 파 주교

• 예수 그리스도가 성체성사를 제정한 기념일로 부활절 전 목요일.

님은 늘 간절히 바라셨는데 결국 가게 된 거예요.

북한은 오랫동안 문을 열어주지 않았어요. 1995년에 큰 기근이 발생하자 북한에서도 인도적 지원을 받는 것이 절실히 필요했지요. 그때 불교, 개신교, 천주교 등 여러 종교 단체가 대북 지원 사업을 했었죠.

북한에서도 메리놀회에 대해 알고 있어요. 메리놀회가 일제 시대 북한 지역에서 조선 사람들을 도와줬었다는 걸 인정해요. 일제 때 메리놀회는 학교를 세워서 사람들에게 한글을 가르쳤어요. 초대 평양 교구장도 메리놀회 선교사인 목 신부님(한국명 목요한, 존 모리스 몬시뇰)이었는데 신사참배에 반대했으니 일제에게는 눈엣가시였겠지요. 이런 사연을 북한 사람들도 알고 있지요.

파리외방전교회 소속 나이 많은 신부님 두 분과 북한에 함께 갔어요. 신부님들과 게스트하우스에 묵었는데 바로 앞에 강이 보이는 아름다운 곳이었어요. 원래 거기에 캄보디아 왕의 별장이 있었대요. 숙소에서 신부님들과 이런저런 이야기를 나누면서 "나중에 통일이 되어 이런 곳에 성당이 만들어진다면 참 좋겠어요." 하고 바랐지요. 떠날 때 우리는 함께 기도했어요. 그때는 희망도 컸고 꿈도 꿀 수 있었지요.

장충성당 미사

~~~

평양에 장충성당이 있어요. 북한에 있는 유일한 성당이지요. 1988년도에 성당이 완공되었을 때 로마에서 파견한 교황 특사 일행이 방문해서 미사를 거행했어요.• 당시 미사는 특사로 함께 간 장익 주교님이 집전하셨죠.••

우리가 평양을 방문했을 때도 장충성당에서 미사를 드렸어

- • 1988년 10월 31일 서울대교구 사목연구실장 장익 신부와 로마에서 유학 중이던 정의철 신부가 교황 특사로 파견되어 장충성당에서 최초로 미사를 봉헌하였다. - 김연수, 『북한 천주교회의 어제와 오늘』, 가톨릭동북아평화연구소, 2019.
- •• 장익 주교는 훗날 인터뷰에서 이 미사에 대해 이렇게 말했다. "그때 정의철 신부와 함께 갔는데 교황님께서 6·25 전쟁 이후 처음으로 사목 방문을 하는 것이니 제의 한 벌과 성경책, 성가책 등 40킬로그램이 넘는 짐을 가져가라고 해서 가져갔어요. 갔더니 성당에 40~50명 정도 모여 있더군요. 그들 가운데 노인 몇 분은 표현은 못 하는데 감동스러운 표정이었어요. 30대들은 아무것도 모르고요. (제2차 바티칸) 공의회가 열린 것도 모르고 전례도 잘 모르는 듯해서 정 신부가 1시간가량 강의를 하고 나서 성사를 줬어요. 정 신부는 제의 방에서 저는 성당 입구 쪽에 의자를 놓고 양쪽에서 (고해) 성사를 봤는데 놀랍게도 전원이 성사를 보는 것이 아니겠어요? 그런데 성사를 보는 신자들이 녹음한 것처럼 똑같은 말을 하더라고요. 얼마나 연습을 시켰으면 이렇게 하나 싶어 이거 성사를 줘야 하나 하는 의문이 들기도 했지요. 그래도 성사를 끝내고 미사를 집전했습니다. 미사를 마친 뒤 교우들과 얘기 한 번 못해 보고 그냥 기념사진 한 장 찍고 헤어졌습니다. - 장익, 「가톨릭평화신문」 인터뷰, 2020. 6. 14.

요. 거기서도 가톨릭 전례는 비슷했어요. 성체성사와 다른 것은 다 했지요. 그러나 고해성사만은 할 수 없었어요. 북한 신자들을 개인적으로 만날 수가 없으니까. 북한 당국에서 개인적인 접근은 차단했어요. 미사가 끝난 다음에도 사람들과 인사를 나눌 수가 없었죠. 미사에 온 사람들을 자리에서 움직이지 못하게 하고 사제들을 먼저 다 퇴장시켜서 사람들을 접촉할 수 없게 했어요.

그날 미사에 참례한 사람들 가운데 외국인도 있었어요. 북한에 머물던 외교관과 그 가족들이었지요. 가톨릭 신자와 개신교 신자들까지 크리스천이면 다 참석했나 봐요. 나이지리아, 스위스, 폴란드 사람들이 있었어요. 북한에는 신부가 없어서 평소에는 미사를 드릴 수 없지요.

장충성당이 건립된 뒤 교황청에서 장익 주교님이 북한 가톨릭을 지원하려고 여러 가지 시도를 해 보았어요. 신부님 양성도 하려고 했어요. 그런데 결과적으로 잘 안 되었어요. 저 역시 북한을 방문했을 때 여러 가지를 해 보려고 했는데 하다가 상황이 달라져서 못하게 된 게 많아요. 예를 들면 장충성당에서 성탄 미사를 하려고 했는데 처음에는 승낙이 되었다가 성탄 이틀 전에 갑자기 "안 되겠다. 죄송하다."는 연락을 받은 적이 있어요. 이러면 그냥 못하는 거죠. 정말 여러 가지 시도를 해 봤지만…… 참 어려워요.

개인적으로는 고해성사를 줄 수 없는 것이 참 안타까웠어요. 사람들과 개인적으로 이야기를 나눌 수가 없으니까 고해를 할 수가 없지요. 북한 당국 입장에서는 개인적으로 만나 편지를 주고받을 수도 있고 스파이 활동을 할 수도 있다고 의심한 거지. 신자들에게는 자유가 없었어요.

그런데 한편으로는 우리가 만난 북한 사람들이 정말 신자인가 하는 의심이 들기도 했어요. 함께 미사를 드리고 신자처럼 전례 예식을 하고 있지만 다 동원된 사람들은 아닌가 하는 의심이 들었죠. 노동당 당원인 것만 같았어요. 꼬리에 꼬리를 무는 의심으로 가짜라는 생각이 커져 갔지요. 또 북한 가톨릭 관계자들은 다른 데 관심이 있는 것만 같았어요. 하지만 같이 일하려면 어쩌겠어요? 접촉하고 대화해야지요. 무조건 만나는 게 중요하지요. 적어도 우리는 숨기는 게 없었어요.

어느 날 제가 제의 방에서 물어본 적이 있어요. 장충성당은 평양교구에 속하고 평양교구는 지금 서울교구에 속해 있으니까 교황님 사진하고 김수환 추기경님 사진을 가져와서 제의 방에 놓아둘 수 있겠냐고. 그랬더니 안 된다고 해요. 추기경님 사진도 안 되고 교황님 사진도 안 되고. 난처해하면서 "아직 안 됩니다. 죄송해요. 나중에 잘 되면 꼭 하겠습니다." 하고 대답했지만 모르지요. 처음에는 성당 안에 태양 그림이 걸려 있었어요. 마치 김일성 주석을 상징하는 것만 같았어요. 그래서 태양 그림을 좀 떼면 좋겠다고 이야기했어요. 한참 뒤에야 그 액자를 내렸어요.

장충성당 안에도 보면 벽면에 십자가의 길이 있기는 했어요. 갖추어야 할 것들은 대강 다 있어요. 그런데 진짜 쓰이는 것처럼 보이진 않아요. 고해실이 있는데 고해성사는 할 수 없고, 사제관은 있는데 신부님은 없고. 아무튼 이상했어요.

처음 북한 성당에서 미사를 드릴 때는 너무너무 좋았어요. 소원이었으니까. 하지만 신자들과 대화할 수 없다는 사실을 알았을 때 크게 실망했던 기억이 나요. 고해성사를 주는 것도 어렵고.

미사를 드리기 위해 달러로 500달러(약 60만 원)나 1,000달러 정도의 돈을 내야 하는 것도 논란이 됐었죠. 교회 관계자는 "컴퓨터를 10대가량 사 주면 교회를 더 잘 운영할 수 있다."는 말도 했어요. 자꾸 이런 이야기가 오가면서 점점 마음이 불편해졌어요.

- 현재는 2015년에 한국 천주교 주교단이 선물로 준 프란치스코 교황님 사진이 걸려 있다. 함 신부님이 "태양 그림"이라고 한 것에 대해 장충성당 관계자들은 "성모님을 기념하는 매괴화"라고 설명한 바 있다.

장충성당의 외관

평양에 있는 장충성당은 북한에 있는 유일한 성당이지요.
처음으로 미사드릴 때 너무너무 좋았어요.
소원이었으니까요. 그러나 곧 신자들과 자유롭게 대화하는 것도
고해성사를 주는 것도 어렵다는 것을 알았어요.

또 다른 문제도 있었어요. 북한 신자들이 세례를 받은 기록이 명확치 않았어요. 상주하는 사제가 없으니까 세례를 주는 것이 아주 어렵죠. 고해성사를 하는 것도 어렵고. 그래서 성체를 영하는 게 문제가 되었지요. 그리고 고해성사도 할 수 없으니까. 저도 처음에는 신자라고 생각했기에 별다를 게 없다고 생각했어요. 하지만 가까이에서 들여다볼수록 점점 의심이 들었어요. 그리고는 점점 속으로 실망했지요. 당시에는 그 사실을 전혀 믿고 싶지 않았어요.

북한 상황을 알게 되자 주교님들도 그곳에서 미사를 드려야 할지 말아야 할지, 영성체는 줘야 할지 말아야 할지 논란이 많았어요. 이 문제와 관련해서 한국 가톨릭에서는 두 가지 입장이 있어요. 하나는, 북한의 가톨릭 신자가 의심스럽다고 할지라도 우리는 계속해서 만나고 접촉해야 한다는 입장. 저도 이 의견에 동의했고 지금도 마찬가지로 같은 생각을 해요. 다른

* 이후 장충성당을 방문한 주교단과 사제들은 성당이 세례 대장을 보관하고 있음을 확인하였다. 한국 천주교회는 북한에서 세례받은 신자들이 어려움 속에서 신앙생활을 한다고 보고 그들을 돕기 위해 노력해 왔다. 일례로 한국천주교주교회의 민족화해주교특별위원회 소속 주교들은 2015년 12월 3일 장충성당을 방문하여 "장충성당에서 이미 세례 받은 신자들이 지닌 신앙생활의 어려움들을 풀어 주고 하나의 신앙을 고백하는 의미로 사도신경을 함께 바쳤고, 성찬례와 영성체를 거행하면서 북한 신자들을 격려하고 축복하였다." 이 의식은 "보례를 통한 세례성사 형식의 완성"이라는 의미를 내포하고 있다. - 한국천주교주교회의 민족화해주교특별위원회 평양 방문 보도자료, 2015. 12. 7.

하나는, 진짜 신자인지 가짜 신자인지 의심스러우니 미사를 하지 않는 것이 좋겠다, 아무것도 모르는 상태에서는 미사를 할 수 없다는 입장. 지금도 의견은 갈라져 있어요. 우리가 북한에 가는 걸 반대하는 분도 많고 북한을 인도주의적 차원에서 지원하고 도와줘야 한다는 분들도 있고.

우리 외국인 선교사들이 크게 실망한 적이 한 번 있었어요. 북한에서 한국인 신부님들을 만났을 때였죠. 다 함께 장충성당에서 미사를 드리기로 했었어요. 당시 외국인 신부는 파리외방전교회 원지구장과 제가 같이 있었어요. 합동 미사를 드리려고 하는데 북한의 장충성당 책임자가 외국인 신부 둘은 미사 공동집전은 하지 말고 참석만 하라는 거예요. 그래서 결국 한국인 신부님들만 같이 집전했어요. 그때 파리외방전교회 신부님과 함께 몹시 마음이 상했던 기억이 나요. 이 이야기는 사실 처음으로 꺼내는 거예요. 우리 둘은 이 땅에서 피 흘리며 순교했던 선배 선교사들을 떠올렸던 것 같아요. 마음이 몹시 아팠어요.

북한에 진짜 신자가 있는지 없는지 저는 아직도 잘 모르겠어요. 당시 장충성당에서 미사를 봤던 사람들이나 조선카톨릭교협회 사람들은 당원이었던 것 같아요. 그들이 진짜 신자인지는 의심스러워요. 그러나 어쩌면 우리가 모르는 곳에서 몰래 기도를 생활화하는, 진짜 신자가 있을지도 모르겠다는 생각이 들어요. 유진벨 재단과 함께 각 지방에 있는 결핵 센터를 방문할 때였어요. 자동차를 타고 가는 동안 운전사 옆에 앉아서 묵주기도를 드리다가 묵주가 끊어졌어요. 그래서 묵주를 고쳐 보려고 기사님께 펜치를 좀 빌려 줄 수 있는지 물었지. 따로 묵주를 보여 주지는 않았어요. 일부러. "고칠 게 있어서 그러는데 펜치 좀 빌려 주세요." 했더니 뭔지 묻지도 않고 "제게 주세요. 고쳐 드릴게요." 그랬어요. "제가 할 수 있어요." 하고 펜치를 받고 휴식을 위해 차를 멈췄을 때 다른 곳에 가서 묵주를 고쳤어요. 담배를 피우며 쉬던 운전 기사분이 펜치를 돌려받다 흘깃 묵주를 보더니 "아, 우리 할머니도 이런 거 있어요." 그러는 거야. 당신 할머니께서도 묵주를 가지고 있다고. 그 뒤에 더 이상 얘기를 나누지 못했어요. 하지만 그 뒤로 한참 동안 그 기사님 할머니 생각이 났어요.

북한을 지원하는 마음가짐

처음부터 제가 결핵 환자를 지원해야겠다고 생각한 것은 아니에요. 북한 사람들을 도울 수 있는 여러 가지 프로젝트를 생각했었죠. 특별히 배가 고픈 사람들에게 먹을 것을 많이 보내 주고 싶었어요. 하지만 구호물자를 보낼 때 쌀은 보내지 못했어요. 그건 환금 작물이라 북한에서 다시 되판다고 했어요. 그래서 쌀은 안 됐고. 물론 여러 수도회들에서도 다양한 시도를 했지요. 하지만 잘 안 되었어요. 점점 포기하는 일이 많아졌죠. 어느 교구에서도 큰 대북 사업을 시작했는데 돈을 많이 보내 준 다음에 그만뒀어요. 또 다른 수도회에서도 배급소를 시작한다고 신문에 크게 보도되었는데…… 조금 지나 그만뒀어요. 북한과 남한이 함께 협조해서 회사를 세우거나 공장을 짓는 등 공동 사업들을 화려하게 계획하죠. 신문에 크게 나곤 했어요. 하지만 대부분 1년 안에 사라졌어요.

프로젝트가 실패하는 이유는 이런 것 같아요. 북한 사람들은 주체사상이 있어서 자존심이 굉장히 강해요. 남한에서는 사실 한민족이라고 여기고 지원하지만 종종 북한 사람들이 느끼기에 교만하거나 무시하는 태도를 보일 때가 있어요. 북한 사람들은 멸시당한다고 느끼면 토론하다가 곧바로 "우리 식대로"라고 말해요. 그러면 바로 대화가 끝나는 거예요. 그런 말이 나오기 전에 자제해야 해요. 그런데 보통은 눈치를 못 채니까 남한 사람들은 "우리가 도와줄게." 하는 태도를 보여요. 그럼 북한 사람들은 '우리 식대로'라고 말하며 "우리는 결코 남조선의 경제적 노예가 되지 않는다."라고 이야기해요. 이것만 봐도 남한 사람들과 북한 사람들의 사고방식이 무척 다르다는 걸 알 수 있어요.

제가 가장 마음이 아픈 부분은 남한은 돈이 많고 인구도 많고 신부도 많은데 북한에 대한 인도적 지원을 잘 하지 않는다는 거예요. 교회에 북한 지원에 관련된 행사는 많은데, 돈도 많이 쓰고. 행정 서류도 많이 준비하는데 실제로 북한에 도움이 되는 건 별로 없어요. 그렇다면 그건 자기 영광을 위해서 하는 것일 수 있어요. 그걸 북한 사람들이 아는 거죠. 사람들은 대부분 6·25 전쟁을 겪지 않았어요. 피란민들을 접촉해 본 적 없으니까 남한 사람들 사고방식만 가지고 일을 하면 그렇게 되지요. 북한 사람들과 같이 일을 하려면 그들의 사고방식에 신뢰가 있어야 하고 한 걸음 한 걸음 단계적으로 접근해야 하는데 우리 교회는 그렇게 하지 못했어요. "모든 사람을 존엄(dignity)과 존중(respect)을 가지고 대하라." 북한 사람들에게도 마찬가지이지요. 그건 반드시 새겨야 하는 원칙이에요.

우리 한국 사회는 많이 갈라져 있어요. 북한을 도와주는 문제도 마찬가지예요. 생각이 다른 사람들끼리는 잘 협력하지 않아요. 그런 점에서 교회에도 일치가 필요해요.

지난 10년 동안 특수 사목을 맡아 민족화해위원회에 있었어요. 그런데 그곳에서도 한국 천주교회의 입장이 완전히 일치하

ⓒ유진벨 재단

대안 결핵 요양소 의료진과 함께. 2006.

북한 사람들과 같이 일을 하려면
그들의 사고방식에 신뢰가 있어야 하고
한 걸음 한 걸음 단계적으로 접근해야 합니다.
그리고 언제나 존엄과 존중을 가지고 대해야 합니다.

지는 않는 것 같아요. 적어도 북한을 위해서는 함께 기도하고 영성적으로 함께해야 한다고 생각했어요. 북한을 도와줄 때 교구별로 함께 협력해서 큰 그림을 그리면 더 좋잖아요. 그래서 처음에는 민족화해위원회에 있는 게 힘들었어요. 물론 지금은 달라졌죠. 머물고 싶어요. 이제야 무슨 일을 해야 할지도 좀 알겠고 할 일도 더 많아졌는데……. 그런데 메리놀회는 작아지고 우리가 할 수 있는 일도 이제 많지 않지요.

메리놀회 한국 지부 소속 살아 계신 신부님들 여덟 분 가운데 네 분이 이제 여든을 넘기셨어요. 이제 살아갈 날이 얼마 남지 않은 거죠. 사실입니다. 지난 35년 동안 한국 지부에는 선교사로 새로 임명되어 온 분이 안 계세요. 이제 이 집까지 팔고 나면…… 그다음은 잘 모르겠어요. 어떻게 될지……. 북한에 선교사로 가고 싶다는 마음이 컸었는데 이제 단념해야 하니까…… 그래서 참 서럽지요.

유진벨 재단의 결핵 환자 지원 사업

저는 1998년부터 유진벨 재단˙과 함께 북한 결핵 환자를 지원하는 사업을 하고 있어요. 유진벨 재단은 가톨릭 구호 단체인 가톨릭 릴리프 서비스(CRS, Catholic Relief Service)에서 소개해 주어서 알게 됐어요. 유진벨 재단은 북한 보건성** 관리와 대화하다가 결핵 환자를 지원하게 되었다고 해요. 북한 사람들에게 시급하게 필요한 것을 찾은 거죠. 메리놀회가 선교 지역에 교회를 세우고 그곳 사람들과 협조하면서 일하는 방식과 비슷합니다. 유진벨 재단에서 보건성 관리에게 "여러분, 지금 정말 필요한 게 뭐죠?" 하고 물어봤대요. "우리는 결핵 환자가 많습니다. 결핵 치료를 도와주면 좋겠습니다." 보건성 직원이 이렇게 대답했대요.

메리놀회는 해마다 10만 달러(약 1억2천만 원)에서 20만 달러 정도를 유진벨 재단에 결핵 환자 지원 사업을 위해 보냅니다. 어떤 해는 메리놀 신부님들이 많이 도와줘서 50만 달러를 보낸 적도 있어요. 저는 해마다 두 차례씩 이 사업을 위해 북한을 방문합니다. 지금까지 방문한 횟수를 다 합치면 60번이 넘어요.

- 유진벨 재단(Eugene Bell Foundation)은 미국과 한국에 본부를 둔 국제 NGO 단체이다. 스티븐 린튼(한국명 인세반) 박사가 조선에 온 초기 개신교 선교사였던 그의 외증조부 유진벨(한국명 배유지, 1868~1925)의 이름을 따서 1995년에 창립하였다. 처음에는 북한 주민을 위한 식량 지원 사업을 시작했다. 그러다가 1997년에 북한 보건성의 요청으로 결핵 퇴치 사업으로 전환했고, 그 뒤 지금까지 결핵 퇴치를 위한 의료 지원 활동을 계속하고 있다. 2008년부터는 결핵약에 내성이 생겨 일반 결핵 치료로는 고칠 수 없는 다제내성 결핵 치료에 집중하고 있다.
- • 내각 중앙 행정 기관으로 보건, 위생, 방역 업무를 관장한다.

가톨릭교회 일부에서는 제가 개신교 재단과 일하는 것을 반대하는 사람도 있어요. 이 문제에 대해 직접 나한테 질문한 신부님도 계셨죠. "왜 개신교를 도와주냐?"고. 저는 개신교를 도와주는 게 아니에요. 아픈 사람들을 도와주는 거지요. 제가 잘 아는 분도 자기는 "개신교를 절대 도와줄 수 없다."고 했어요. 늘 그랬지만 민족을 우선 생각해야 한다고 여겼어요. 북한 사람들을 먼저 생각해야지요. 저는 유진벨 재단에게, 만약 천주교 카리타스˙가 북한을 지원할 길이 생기면 나는 언제든지 카리타스 일을 돕겠다고 말했어요. 지금 유진벨 재단과 함께 일하는 것은, 현재는 가톨릭교회 안에 다른 방법이 없기 때문이에요. 그러니 지금 할 수 있는 일이라도 찾아 해야지요.

북한을 돕는 문제에 대해서 또 다른 비판도 있었어요. 신자들 중에는 "어떻게 공산주의자들에게 협조할 수 있냐?"고 하는 사람들도 있었어요. 미국 사람 중에도 이 일에 반대하는 사람이 있어요. 제가 3년 전에 미국 대사관에서 겪은 일이에요. 북한을 방문하려면 미국 비자가 필요해서 비자 신청을 위해 대사관에 갔는데 거기서 기다리던 어떤 사람이 내가 북한으로 가려고 한다는 것을 듣고 나한테 "배신자! 당신은 배신자야!(Traitor! You

• "그리스도의 사랑"을 의미하는 라틴어. 가톨릭 국제개발협력기구

are a traitor!)"라고 소리쳤어요. 제가 어리둥절해 하며 당하고 있으니까 거기 함께 있던 한국분이 "괜찮아요, 괜찮아요. 신부님, 여기 앉으세요." 하며 중재해 주셨어요. 생각지도 못한 일이라 엄청 당황했지만 곧 안정됐어요. 하아……. 영문을 알 수는 없었지만 북한에 가는 일은 오해받을 수도 있겠다고 생각했지요.

북한과 관련한 일을 하는 것은 아주 민감해요. 요즘은 더 심한 것 같아요. 어떤 말을 쓰는지도 조심해야 해요. 그건 남쪽이나 북쪽이나 비슷해요. "북한"과 "남한", "북조선", "남조선" 중 어떤 단어를 쓰는지도 중요하지요. 그래서 저는 북한에 가면 가급적 "북쪽", "남쪽"이라는 표현을 쓰며 이야기해요. 아무튼 그거 하나는 조심하고 또 조심하는 편이에요.

여권 이야기가 나왔으니 말인데 우리는 북한에 갈 때 미국 정부에 단수 여권을 신청해서 받아요. 오로지 북한에 갈 때만 쓸 수 있고, 딱 한 번 다녀오면 더 이상 쓸 수 없는 여권을 따로 만들어야 해요. 여권이 안 나오면 갈 수가 없어요. 북미 관계가 어떠하냐에 따라서 여권 신청이 기각될 수도 있어요. 저는 지금까지 미국 정부가 못 가게 해서 여권을 만들 수 없었던 적이 두 번 정도 있었어요. 북한에 다녀온 뒤에는 곧바로 대사관에 반납하고 다음에 다시 방문하려면 서류를 다 새로 준비하고 절차대로 처음부터 제대로 밟아야 해요.

처음에는 북한 전역을 다니면서 결핵 센터를 40곳 정도 방문

북한 방문을 위해 만든 미국 여권. 2019.
오로지 북한에 갈 때만 쓸 수 있고, 딱 한 번 다녀오면
더 이상 쓸 수 없는 여권을 따로 만들어야 해요.

했어요. 주어진 시간 안에 해야 하니 바쁘지요. 함흥에 가는데 원산에서 하룻밤 자고 여덟 시간 걸려서 함주까지 갔어요. 길이 무척 나빴던 기억이 납니다. 그래도 아주 열심히 했지요.

그러다가 우리는 결핵 중에서도 치료가 훨씬 어려운 다제내성 결핵(多製耐性結核, MDR-TB, multidrug resistant tuberculosis)에 집중했어요. 다제내성 결핵은 치료 기간도 18개월이나 되고 약도 비싸요. 그래서 지원하는 단체가 없어요. 그래서 시작했죠. 약품을 가져다주고 환자가 18개월 동안 치료를 받을 수 있도록 해야 해요.

다제내성 결핵 환자의 경우 적어도 6개월에 한 번씩은 방문해서 환자 상태를 보는 게 중요해요. 그래서 꼭 방문해야 하는데 방문 승인이 안 나오거나 지연되어 버리면 어쩔 수 없이 약품만 배로 보내요. 약은 무조건 6개월에 한 번씩 보내 줘야 하거든요. 아주 중요한 일이지요. 늦어서 환자들이 약을 못 받는 일이 생기면 큰일이에요. 북한에 약을 보내는 일도 쉽지 않았어요. 우선 한국에서 배편으로 중국으로 보내고, 다시 중국에서 북한으로 보내요. 그렇게 해서 평양에 있는 유진벨 재단의 약품 창고까지 가요. 그런데 참 신기하지요, 그 창고 자리가 옛날 메리놀 본부가 있던 자리예요. 비록 6·25 전쟁 때 폭격되어 이제 없어졌지만 그 자리가 메리놀 성당 자리였다고 생각하면 감회가 새롭지요.

내가 만난 북한 사람들

1990년대 북한을 방문했을 때 인상은 1960년대 한국에 처음 왔을 때와 비슷했어요. 고통스러운 일이 많았죠. 몸이 아파 죽어가는 사람들, 배가 고파 힘겨운 사람들을 실제로 보는 일은 아주 마음이 아팠어요. 그런데도 언론은 북한 사람들을 나쁘게 묘사할 때가 많고, 증오심을 북돋는 말을 할 때도 있죠. 북한에 이용당했다는 이야기를 주로 하고 싶은 거죠. 그러나 실제로 가보면 그렇지가 않거든요. 옛날 1960년대 남한에 배고픈 사람이 많았던 것처럼 북한도 가난한 사람이 많은 거죠. 저는 60년 전에 청주교구에서 했던 일과 비슷한 일을 한다고 생각해요. 우리가 북한에서 하고 있는 일들도 싹을 틔워 언젠가 그 결과가 되돌아올 날이 올 거라 믿어요. 그게 언제가 될지는 모르지만.

한 번은 이런 일이 있었어요. 우리 운전해 주셨던 분인데 어느 날 기침을 해요. 그래서 "한 번 테스트해 봐요." 하고 제안했죠. 늘 옆에서 같이 있었는데도 기사가 기침하는 것을 몰랐었지요. 사람들이 증상이 있어도 숨기고 참고 살았어요. 직장을 잃을 수는 없잖아요. 자기 가족을 부양해야 하니까. 아이들이 있으니까. 더 슬픈 일은 부인들 감염도 많다는 거예요. 부모가 감염되면 아이들까지 다 결핵 센터에 와서 살아야 했어요. 아이들을 혼자 둘 수는 없으니까. 가엽지요.

　구제품이 있을 때는 괜찮지만 물품이 떨어질 때면 무력감이 들곤 하죠. 또 정부에서 언제든지 하지 말라고, 그만두라고 하면…… 우린 끝이었지요. 불쌍한 민족인데…… 북한까지 32킬로미터 정도밖에는 안 떨어졌는데…… 이제 곧 좀 더 좋아질 거라 생각했는데…… 맨날 같은 일들을 반복하게 돼요. 그렇지만 열심히 해야지요. 그게 내 욕심만큼 안 돼서 그렇지 규모는 작더라도 하고 있으면 달라질 수 있어요. 실패하더라도 아무것도 안 하는 것보다는 낫다고 생각해요. 이런 속담이 있어요. "밧줄은 아예 없는 것보다 반쪽이라도 있는 게 낫다(Half of rope is better than no rope)." 늘 그렇게 생각하며 사는 거지요. 하여튼 지금 이 일을 하는 것에 대해 하느님께 감사해요.

　지난 60년 동안 미국은 성직자들이 북한에 방문한다는 걸 여러 번 거절했어요. 반면 나는 지난 60년간 어디서 지내든지 늘 북한만 생각했어요. 아직도 좌절감이 크지요. 사실 북한에서 한 환자를 여러 번 만나는 것은 어려워요. 자주 가기가 어려우니까 18개월 치료 기간 동안 서너 번밖에 못 만나죠. 최근에는 다제내성 결핵 약을 먹어서 회복되는 환자들이 늘었지만 그래도 아직 죽는 사람이 많죠. 그럴 때마다 마음이 너무 무거웠어요. 그러나 그런 것보다도 더 가슴이 아픈 것은 남한 사람들이 북한 사람들이 겪는 고통에 별로 관심이 없다는 거예요……. 그것도 이제는 하느님께 맡겨야 하겠죠.

　북한에 가면 사람들과 대화 나누는 것을 늘 조심해야 해요. 북한 사람을 혼자서는 못 만나요. 호텔 방을 청소할 때도 아주머니들은 꼭 두 명씩 왔어요. 우리와 따로 이야기하면 안 됐거든요. 살기 위해서 그분들은 조심이 몸에 뱄어요. 물론 당원들도 조심하지요. 어렸을 때부터 그렇게 교육받아 온 것 같아요. 그래서 저도 "어서 오세요.", "잘 지내세요." 하는 정도로 간단한 인사만 전해요.
　나는 북한 사람들한테 개인적인 걸 전혀 묻지 않았어요. 같이 차를 타고 가다 보면 그분들이 무엇을 물어볼 때도 있었는데 설사 그렇다 하더라도 제가 같은 질문으로 되묻지는 않았어요. 그게 도움이 되는 소통 방법인 것 같아요. 그들이 어디 사는지 가족 관계는 어떻게 되는지 묻지 않았지요. 그래도 시간이 지나 조금 친해지면 몇 명은 자기 가족사진을 보여 주었습니다. 그들 스스로 말하고 싶어 할 때 듣는 것, 그게 가장 좋은 방법인 것 같아요.

　북한 아이들도 기본으로 서양 사람한테 호기심이 있었어요.

서양 사람을 본 적이 거의 없으니까. 전 아이들하고 가위바위보 하는 걸 아주 좋아해요. 그래서 그곳 아이들이 가까이 오면 장난을 쳤죠. "눈 먹을까? 코 먹을까? 입도 먹을까?" 그리고 살금살금 몸을 숙여서 "와악!" 하고 놀라게 하면 아이들은 "까르륵" 소리 지르며 도망가지요. 그리고 다시 다가오지요. 옛날 한국에 처음 왔을 때 했던 것과 비슷해요. 북한 아이들이나 남한 아이들이나 똑같다고 생각해요. 아이들은 비슷하니까요.

어떤 때는 결핵 센터에 방문할 때 간호사들이 다가와서 조그만 꽃을 주고 가기도 했어요. 제가 차에서 내릴 때면 가방을 받아서 도와주고, 탈 때는 먼저 탄 분이 제 짐을 받아주곤 했지요. 그런 점은 남쪽이나 북쪽이 똑같은 것 같아요. 그래서 전 북한 사람들을 만나는 게 그렇게 어렵지 않았어요.

사람들은 보통 저를 "할아버지" 하고 불러요. 처음부터 그런 건 아니었고…… 무척 무뚝뚝했고 어색해했죠. 아무도 말을 걸어주지 않다가 조금 지나서야 "동무"나 "동지"라고 부르는 사람이 많아졌어요. 사람들도 제가 신부인 줄은 알아요. 종교에 대해 서로 이야기 나누지는 않지만 제가 기도하는 것을 여러 번 봤겠죠. 수행원들도 제가 기도하는 것을 막지는 않았어요. 그래서 기회가 있을 때마다 기도했어요. 환자가 사는 집을 축복한 적도 많았죠. 북한에 갈 때면 혹시 몰라서 제의도 다 챙겨

ⓒ유진벨 재단

북한 평성학교 학생들과 함께. 2010.
북한 아이들도 서양 사람한테 호기심이 있었어요.
전 아이들하고 가위바위보 하는 걸 아주 좋아해요.
그래서 그곳 아이들이 가까이 오면 장난을 쳤죠.
옛날 한국에 처음 왔을 때 했던 것과 비슷해요.
북한 아이들이나 남한 아이들이나 똑같다고 생각해요.

가요. 그리고 제의를 입지 않고 있어도 언제나 기도합니다. 사람들은 제가 왜 기도하는지 아마 잘 몰랐을 거예요.

어쨌든 그곳 사람들도 제가 신부라는 것을 알아서 "신부 선생" 하고 불렀어요. 그 시간을 지나 이제 다들 저를 "할아버지" 하고 불러요. 이 말이 듣기에 제일 좋아요. 그동안의 노력이 어느 정도는 통했다는 느낌이 들거든요. 그곳 사람들에게도 친근한 마음이 생겨나니까 할아버지라고 부르는 것 같아요. 서로 사상도 다르고 그렇지만…… 이제 신뢰하는 마음을 갖게 된 거죠. 그 점이 기뻐요.

수행원 가운데 스물여섯 살 난 젊은이가 있었어요. 외국 사람을 처음 봤대요. 이름을 어떻게 부르면 되냐고 제게 물었어요. 그래서 "할아버지" 하고 부르면 된다고 말해 줬어요. 어느 추운 날이었는데 "할아버지 피곤하지 않으세요?" 하고 저보고 물었어요. 그래서 "네, 피곤해요." 그랬더니 "의자 가져올까요?" 하고 또 물어요. 제가 "피곤해서 가져오면 좋겠는데……." 그랬더니 뛰어가서 금방 가져왔어요. 그다음 한참 뒤에 "배고프지 않으세요?" 하고 물었어요. "참을 수 있어요." 하고 대답했죠. 그는 "물을 좀 가져올게요. 물을 많이 마시면 배가 덜 고파요." 하고 제게 가르쳐줬어요. 그 젊은이가 가끔 생각이 나요.

몇 년 전 일인데 재미있는 이야기가 있어요. 결핵 센터를 방문하면 환자들을 마당에서 만나야 할 때가 많아요. 그날도 그랬어요. 밖에서 그렇게 여덟 시간 남짓 넘게 환자들 객담한 것도 받고 엑스레이도 찍고 했지요. 이제 거의 다 끝날 무렵이었는데 비가 내리기 시작했어요. 오기 어려운 곳이다 보니 비가 와도 우산을 받쳐 들고 계속했어요. 비가 계속 오니까 아무래도 일하기가 쉽지 않았어요. 그때 저랑 잘 알고 지낸 북한 경호원이 제게 하느님한테 연락해 보라고 했어요. "함 신부, 비가 많이 오는데 당신 하느님한테 비 좀 그치게 해 달라고 부탁해 보죠." 하고. 그래서 제가 "그럼, 10분만 시간을 줘요." 하고 얘기했지. 그리고 생각했죠. '아휴, 어떻게 하면 좋을까?' 10분 뒤에 그 경호원이 물었어요. "왜 비가 안 그쳐요?" 그래서 제가 "아, 전화를 걸었는데 지금 통화 중이에요. 그래서 메시지 남겨 뒀어요." 하고 대답했지. 그런데 정말 기적처럼 15분쯤 뒤에 비가 그쳤어요. 그래서 제가 또 그랬죠. "거봐요. 이제 메시지 들으신 거예요." 하하.

떠나는 마지막 날이면 언제나 잔치를 했어요. 그곳 호텔 안에 가게가 있어서 맥주와 안주를 살 수 있었죠. 제가 떠나기 전에 여기 일하시는 분들, 아저씨, 아주머니들 다 불러서 잔치하고 싶다고 했어요. 마음 같아서는 직접 도와주고 싶었는데 그렇게 할 수 없잖아요. 그래서 맥주, 안주를 넉넉하게 마련해서 잔치를 벌였어요. 맥주와 안주는 나중에 가져갈 수도 있을 만큼 넉넉하게 마련해 뒀어요.

가끔은 내기도 했어요. 결핵 센터를 방문할 때마다 각자 차 안에서 우리 차가 센터에 몇 시에 도착할 것 같은지 얘기해요. 어떤 사람은 저녁 10시쯤, 어떤 사람은 9시쯤…… 그러면 저는 그 중간쯤 도착하는 것으로 얘기했죠. 뭐 이런 식으로 도착 예정 시간을 걸고 맥주하고 안주 내기했어요. 하여튼 북한 사람들하고는 이렇게 인간적으로 지냈어요.

환자들을 세 번 정도 만날 수 있다고 했죠. 만날 때마다 말을 많이 하지는 못하지만 그래도 반갑게 만났어요. 환자들에게 농담도 자주 했어요. "아유, 나 보고 싶었지? 많이 나았어?" 그러면 "예, 좋아졌어요. 약 잘 먹고 있어요." 하고 말해 줬어요. 결핵 센터를 방문할 때 제 임무가 환자들 객담을 채취하는 거였기 때문에 더 가깝게 만날 수 있는 장점이 있었어요. 물 한 잔이라도 건네면서 살갑게 인사할 수 있고. 객담한 것을 받을 때마다 "어, 많이 좋아졌어." 하고 말해 줄 수 있어 좋았어요.

결핵 센터를 떠날 때면 꼭 한마디 할 기회를 줘요. "좋은 말씀 해 주세요." 하고 청해요. 그래서 미리 준비해 두곤 했어요. 같이 노래를 부를 때도 있어요. "아리랑" 같은 노래를 하지요. 우리와 함께 간 이탈리아 신부님은 노래를 잘 했어요. "아리랑"도 아주 잘 불렀죠. 그렇게 몇 년을 만나다 보니 당원들하고도 다 친해졌어요. 접촉할 때면 늘 조심하곤 했지만 우리는 가깝다는 걸 모두가 느꼈던 것 같아요.

이런 일도 있었어요. 우리 메리놀회 집이 어디에 있는지 거기 사람들도 알아요. 서울 주소를 아는 거죠. 어느 날 제가 "나중에 언제 기회가 되면 우리 집에 놀러 오세요." 하고 초대했어요. 그랬더니 "신부님, 걱정하지 마세요, 꼭 찾아갈게요. 그때는 우리가 먹을 건 우리가 잘 챙겨갈게요." 하고 진심으로 대답했어요. 북한에서는 혹시라도 다른 곳에 가게 되면 먹을 것을 다 가지고 가야 하거든요. 우리에게 폐가 되지 않으려고 그렇게 말한 거예요.

결핵 센터를 방문할 때마다 매번 새로운 환자들을 많이 만납니다. 또 치료를 마치고 퇴원하는 환자들도 보지요. 환자가 퇴원하는 것을 우리는 "졸업식"이라고 했어요. 환자가 졸업할 때면 남한에서 만들어 가지고 온 종이학 목걸이를 걸어줍니다. 건강하게 오래 사시라고 기원하지요. 서로 이런 인사를 나눕니다. "기쁘게 사세요", "즐겁게 지내세요", "고맙습니다", "잊지 않겠습니다." 사람들이 말은 하지 않았지만 제가 신부라는 걸 알고 있어요. 사람들 앞에서 제게 말을 할 기회를 주면 저는 항

ⓒ유진벨 재단

18개월 간의 치료를 마친 결핵 환자들에 걸어 주는 학 목걸이. 2014.

언론은 북한 사람들을 나쁘게 묘사할 때가 많고,
증오심을 북돋는 말을 할 때도 있죠.
북한에 이용당했다는 이야기를 주로 하고 싶은 거죠.
실제로 가보면 그렇지 않아요. 옛날 남한에 배고픈 사람이
많았던 것처럼 북한도 가난한 사람이 많은 거죠.
저는 60년 전 청주교구에서 했던 일과 비슷한 일을 한다고 생각해요.

상 이 말을 하곤 했어요. "우리는 인간답게 살아야 합니다." 한국말로 이 말을 할 때면 참 근사하다고 생각했어요. 그래서 신학생들에게도 이 말을 자주 하는 편입니다. "'인간답게!' 거기서부터 시작합시다." "인간답게"가 영적인 삶이 시작하는 지점이기 때문입니다.

안타까운 것은 이렇게 해서 완치되는 사람이 80퍼센트 정도밖에 안 된다는 거예요. 나머지 20퍼센트는 치료에 실패하지요. 20퍼센트는 어떻게 하든지 표시가 나요. 제일 마음이 아플 때는 이 사람이 와서 "제발 한 번만 더 살펴봐 주세요. 살려주세요." 하며 매달릴 때예요. 저희도 더 이상 뾰족한 방법이 없는데 그때는 너무 가엾죠. 그리고 무력감을 느끼죠. 이제 저희가 갖고 있는 약이 더는 듣지 않으니까, 더 해 봐야 소용이 없으니까, 그걸로 끝났다고 생각하니까, 그때 아주 큰 무력감을 느껴요.

북한에서는 신앙에 대해서 이야기를 나눌 수 없어요. 어떤 할아버지가 계셨는데 거의 돌아가시게 된 순간에 만났어요. "할아버지, 인제 편안한 데 가고 싶지요?" 그랬더니 제 손을 잡고 "예, 그럼요." 하고 대답했어요. 나는 그게 세례를 구하는 마음이라고 생각했어요. 그래서 이렇게 말했어요. "그럼, 잘못한 걸 반성하고 이제 마음을 편안하게 하세요. 다른 세상에서는 기쁘고 편안하고 보내세요……." 6개월 뒤에 방문했을 때는 이미 돌아가셨어요. 그렇게 죽어간 사람들이 많아요. 평안북도, 평안남도, 황해도……에 있는 결핵 센터 뒤에는 묘지가 많아요.

2017년에 나는 콜럼버스 기사단(Knights of Columbus)˙에서 주는 "기쁨과 희망상(The Gaudium et Spes Award)"을 받았어요. 제가 북한 결핵 환자들을 돕는 일을 한 것을 좋게 본 것이지요. 그때 상금으로 10만 달러(약 1억 2천만 원)나 받았어요. 이 돈으로 결핵 센터 옆에 더 이상 치료할 수 없는 환자들을 위한 집을 짓고 있어요. 일종의 호스피스 병동입니다. 결핵에 걸려 고향으로 돌아갈 수도 없고 치료할 방도가 없어 죽기를 기다리는 사람들이에요. 제일 마음이 아프죠. 치료할 수 없는 20퍼센트 사람들에게도 마지막 순간을 존엄하게 맞이할 수 있도록 돕고 싶습니다.

북한을 다녀오고 나면 한참을 울게 돼요. 왜 남한 사람들은 이들을 위해 관심을 갖지 않을까요? 왜 북한 사람들을 위해서 기도하지 않을까요?

• 콜럼버스 기사단은 크리스토퍼 콜럼버스의 이름을 따서 1882년에 미국에서 설립한 세계에서 가장 규모가 큰 가톨릭 남성 평신도 단체이다. 2019년 현재 약 2백만 명의 회원이 있다. "하나를 위한 봉사, 모두를 위한 봉사"를 신조로 삼고 활동한다. 이 단체에서 주는 "기쁨과 희망상"은 전 세계에서 인도적 지원과 자선 활동을 한 가톨릭 신앙인에게 주어진다. 1992년부터 시작되었고 첫 번째 수상자는 마더 테레사였다.

북한 선교의 소망

서울교구에서 의정부교구가 분리되기 전˙에 정진석 대주교님께서 제게 기회가 되면 파주에 있는 민족화해센터에서 일을 해 달라고 했어요. 정진석 주교님이 서울교구 교구장을 맡고 계실 때였죠. 그때는 파주에 아직 건물도 다 짓지 않았을 때였어요. 그러다가 서울교구와 의정부교구가 갈라졌어요. 교구가 다르니까 이젠 가려고 해도 갈 수가 없지요. 아무래도 하느님께서 일부러 그렇게 하신 것 같아요. 지나고 보니 제가 거기 안 간 게 솔직히 더 나았던 것 같아요. 훨씬 더 희망적인 거죠. 민족화해센터가 의정부교구에 있으면 더 많이 발전할 수 있어요. 전 진짜 그렇게 생각해요. 왜냐하면 의정부교구에는 젊은 신부들이 많이 있으니까 더 많은 일을 할 수 있거든요. 교구에서 건물도 아름답게 지었어요. 그렇게 발전시켰으니까 된 거지요. 선교사는 그런 마음이 있어야 해요. 저 역시 처음 한국에 선교사로 파견 와서는 가난을 극복하기 위해 본당 사목도 하고, 고아원도 운영하고, 북한 선교도 담당하고…… 가리지 않고 할 수 있는

• 의정부교구는 교황 요한 바오로 2세의 교령으로 서울대교구에서 2004년에 분가했으며, 관할 지역으로는 경기도 북부 11개 시군이다. 2020년 현재 교구장은 이기헌 베드로 주교이다.

일은 다했던 것 같아요. 이제 교구에 사제가 많아지고 그 일을 다 할 수 있게 되었으니 더 좋지요. 선교사의 사명이 원래 그런 것이니까 이제 된 겁니다.

사실 제가 생각하는 선교사의 역할은 "다리"예요. 다리를 건설하려면 자갈이 필요하잖아요. 나중에 남과 북을 연결하는 다리를 만들 때 선교사가 그 "다리"를 단단하게 하는 자갈이 된다면 그 소임을 다한 것 같아요. 지금 당장은 한국인 교구 사제들이 북한에 갈 수가 없으니까 우리가 대신하는 것이지요. 사실 북한 선교를 위해서라면 방인 신부님이 가는 게 훨씬 더 나아요. 같은 민족이라 더 잘 이해할 수 있고, 말도 더 잘 통하니 지원도 더 잘 할 수 있겠죠. 늘 그 생각을 해요.

그렇게 생각하다가도 방인 신부님이 북한에 가는 일이 너무 더디게 진행되니까 답답하고 무력한 마음이 커져요. 몇 년 동안 공들여 북한과 접촉했는데 갈 때마다 가까워지는 게 아닌 그냥 절벽 앞에 서 있는 느낌이 들지요. 여전히 교구 사제들은 갈 수 없는 상황이고……. 그래서 의정부교구에서 어떤 조그만 일이라도 한다고 하면 관심이 가요. 의정부교구에 기대하는 바가 커요. 거긴 젊은 사제들이 많아서 신부님들이 다들 열정이 넘치죠. 또 주교님도 북한 출신이시고. 아무튼 거기서 북한 사람들을 돕는 일을 시작하면 서울교구나 다른 교구에서 주교님들이 도움을 줄 수 있겠다고 생각했죠.

　60년을 기다렸는데 답답하죠. 솔직히 이제 살날이 몇 년 안 남았어요. 이제 포기해야 한다는 걸 알면서도 그렇게 할 수가 없어요. 미련이 남고 끝까지 포기가 안 돼요. 아마 다른 사람들은 이해할 수 없을 거예요. 만나는 사람마다 이제 그만하라고, 그만해도 된다고 말씀하세요. 메리놀 신부님들 가운데서도, 심지어 총장님도 만날 때마다 이제 그만해도 된다고 하세요. 그럴 때마다 전 "아휴, 한 번만 더, 뭐라도 좀 더 해 보고 싶어요." 하고 대답해요. 교황 대사님도 저한테 몇 번이나 얘기했어요. "신부님은 북한에 대해서 너무 열정적이에요. 너무 열렬하다고요." 그래서 "네, 저는 열렬해요" 하고 대답했어요. 이건 꼭 첫사랑 같은 마음이에요. 마음속에서 떠나보낼 수가 없어요. 물론 북한에서 신자를 만나지는 못했지만 언젠가 만날 수 있겠죠. 수없이 많은 고통을 겪은 한민족이 화해와 평화를 이루면 좋겠어요. 지금은 메리놀회가 북한에 갈 수 있으니 우리가 합니다. 앞으로는 한국인 교구 사제들이 가면 좋겠어요. 그렇게 될 때까지 우리가 남과 북 사이에 놓일 다리를 더 단단하게 할 자갈 역할을 충실하게 하겠습니다. 지금 당장 눈앞에 보이는 게 없다고, 도대체 되는 게 없어 보인다고 실망하면 안 되겠죠. 어떤 일이 성공하려면 실패가 많은 법이니까요.

ⓒ유진벨 재단

가톨릭 후원자들이 기증해 준 이동식 엑스레이를 축복하며. 2010.
북한을 위해서 교구들이
무언가 작은 일이라도 시작했으면 좋겠어요.

북한을 위해서 교구들에서 무언가 작은 일이라도 시작해야 해요. 그러려면 북한 사람을 존중하는 태도가 필요해요. 지금은 북한 사람들이 남한 사람들을 잘 안 믿어요. "우리는 절대로 남한의 경제적인 노예가 되지 않겠다."며 경계하지요. 그래서 조금 더 겸손하게 접근하면 좋겠어요. 대화도 시도하고 그들이 무엇을 필요로 하는지 판단해 보고. 하여튼 어떤 일이라도 시작하면 좋겠어요. 춘천교구에서는 1997년부터 북한에 연탄을 지원하는 사업을 시작했어요. 장익 주교님 생각이었죠. 교구 신부님들이 모두 힘을 합해 연탄을 직접 날랐던 기억이 있어요. 그건 아주 좋은 사례였어요.

북한을 지원할 때는 잘 판단해야 해요. 가난한 사람을 도와주는 일이 쉬운 게 아니에요. 나보다 못한 사람에게 은혜를 베푼다고 생각하면 안 되고 조건 없는 사랑을 줘야 해요. 그리고 반드시 자발적 희생이 따라야 해요. 가만히 생각해 보세요. 누군가를 도와준다면서 남의 돈으로 도움을 주는 경우도 많아요. 물론 남을 위해 일하거나 돕는 일은 거의 무조건 좋은 일이지

• 춘천교구의 대북 인도적 지원 사업에 대해 장익 주교는 이렇게 증언한다. "1997년부터 "한솥밥 한식구 운동"을 전개해서 북강원도 감자 보내기, 구급차 전달 및 북한 어린이 결핵 예방 백신 접종, 옥수수 개발 기금 전달, 연탄 40만 장 지원 등 교구 차원에서 대북 사업을 꾸준히 했지요. 산이란 산은 다 벗겨지고 민둥산이 된 금강산 아래 자락을 봤을 때 가슴이 아팠던 기억이 생생합니다." -「가톨릭평화신문」, 2020. 6. 14.

만 도움은 자기 몫을 희생하면서 해야 하죠. 그래서 북한에 갈 때면 일부러 비행기 값이나 제반 경비를 제 스스로 내고 갔어요. 교회나 유진벨 재단에서 경비를 처리해 주면 진정한 자기희생이 아닌 거죠. 그 돈으로 1원어치라도 더 결핵 약품을 사는 데 쓰는 게 중요한 일이니까요. 그렇게 하는 게 북한을 돕는 진짜 방법이라고 여겼어요.

이제 아시아에서 외국인 사제가 선교하던 시대는 지나갔습니다. 한국에는 더 이상 저와 같은 선교사가 필요하지 않습니다. 오히려 앞으로는 한국이 일본과 중국, 아시아 선교의 허브가 될 겁니다. 제가 염수정 추기경님께 말씀드렸어요. "이제 한국 교회가 선교의 사명을 알아야 합니다. 많은 사제들이 밖으로 나가야 합니다." 추기경님께서도 동의하시면서 "한국은 이제 재정적으로도 충분히 능력 있고 지난 5천년 동안 역사·문화적으로도 다른 나라를 침략해 본 적이 없어요." 하고 말씀하셨죠. 제가 말씀드렸어요. "한국 교회의 사제들을 선교사로 만드세요, 많은 사제들이 북한으로 가게 되기를 진심으로 기도합니다."

그러나 지금은 북한이 그것을 받아들이지 않지요. 그들은 남한을 경계해요. 남북한은 같은 민족, 같은 역사…… 다른 모든 것이 같은데 사상만 다르죠. 북한 사람들은 늘 제게 "우리는 결코 남한의 경제적 노예가 되지 않을 겁니다." 하고 말했어요. 그들은 자신의 존엄함을 지키는 일에는 정말 민감합니다.

　변화는 점진적인 만남을 통해서 차츰 이루어질 거예요. 동양에서는 관계가 중요하다잖아요. 계약서에 서명하는 것이 중요한 것이 아니라 이야기 나누고 함께 놀고 젊은이들이 만나고 하는 그런 접촉을 통해 만들어지는 인간적인 관계 말이에요. 어쩌면 남북한이 영원히 통일이 되지 않을지도 몰라요. 사상의 차이가 너무 크고, 경제력의 차이도 너무 크니까. 그렇지만 대화할 수는 있지요. 그 대화가 결국 변화를 만들어 낼 겁니다. 저는 대화, 민족 화해, 평화가 중요하다고 믿습니다. 통일은 그다음 문제라고 생각합니다.

　나는 북한에서도 편안하고 여기서도 매우 편안해요. 왜냐하면 저는 두 사회에서 모두 할아버지이기 때문입니다.

　한반도에서 메리놀회는 1923년 5월부터 선교를 시작합니다. 1942년 일제에 의해 추방될 때까지 처음 20년 동안은 한반도 북쪽에서 주로 활동했습니다. 2차 세계대전이 끝나고 한반도가 미군과 소련군에 의해 남북으로 갈라지자 메리놀 사람들은 더 이상 북쪽 지역에 갈 수가 없었습니다.

　젊은 선교사로 한국에 온 저는 선배 선교사들이 이야기해 주는 북한 도시와 마을 이름에 금세 익숙해졌습니다. 평양, 안주, 정주, 신의주라는 장소를 알게 되었죠. 그때만 해도 제가 직접 거기에 가볼 수 있을 것이라고는 생각지도 못했습니다. 마침내 북한을 방문할 수 있게 되었을 때 저는 이 세상에서 떠나 버린 그 선배 선교사들이 저와 함께 순례하고 있는 것처럼 느꼈습니다.

　…… 북한을 방문하는 일이 항상 쉬운 것은 아닙니다. 흔히 우리 인생이 그렇듯 고단하고 실망과 좌절을 겪는 일도 많습니다.

그럼에도 불구하고 우리는 우리가 북한에서 만나는 정부 관료, 의사, 간호사, 환자들의 미소, 우애, 친절에서 하느님의 존재를 느낄 수 있습니다. 이런 점에서 북한 방문은 여행보다는 피정에 더 가깝습니다.

메리놀이 북한으로 돌아가다
Maryknoll returns to North Korea (2006년경)

4부

선교사의 자리, 선교사의 마음

여러분에게 제 이야기를 들려준 이 시간은 지나온 많은 것들을 생각하게 했어요. 제 자신을 영적으로 새롭게 하는 기회가 됐죠. 모든 것들이 제 자리를 찾을 수 있는 기회를 준 여러분 모두에게 감사합니다. 이 인터뷰가 제게는 마치 영적 여행(spiritual journey) 같았어요. 지난 60년 동안 일어났던 일들을 돌아보면서 그동안 잊고 있었던 것을 다시 생각하게 되었지요.

두려움

사실 저는 한국에 오는 것이 두려웠어요. 우리가 탄 화물선이 샌프란시스코에서 출발할 때 혼자 갑판 위에 있었어요. 샌프란시스코의 불빛이 점점 멀어지는데 앞을 보니 바다는 온통 깜깜해요. 그때 제 머릿속에는 '아, 내가 아주 큰 실수를 했구나!' 하는 생각만 가득 찼고 그 불안감은 그 뒤로도 내내 사라지지 않았죠.

3주 뒤에 월미도에 도착했어요. 제가 모신 첫 번째 장상 신부님은 코너 신부님이었어요. 그분도 일제 말기에 북한 지역에서 선교하다가 감옥에 갇힌 적이 있는 분인데 아주 지혜로운 분이셨어요.

서울 본부에 있으면서 한국어를 배울 때 무척 힘들었어요. 당시 지부장이셨던 코너 신부님이 그걸 알아채고는 "뭐든지 할 이야기가 있으면 해도 돼." 하고 말씀해 주셨어요. 그때 이미 부임한 선교지에서 10년을 보내야만 첫 휴가로 집에 갈 수 있다는 것을 알고 있었지만 짐짓 대답했어요. "제가 최선을 다해 보겠지만 아무래도 10년 동안 여기에 있지는 못할 것 같습니다. 필라델피아 교구로 돌아가고 싶을 것 같아요. 제가 있을 곳은 거기라는 생각이 자꾸 듭니다." 진지했던 제게 그분이 물었어요. "혹시 운전면허증이 있니?" "네" "그럼, 내일 나를 장호원성당에 좀 데려다 줄 수 있겠니?" 그곳은 우리가 장호원 혹은 감곡이라고 불렀던 곳인데 청주교구의 모태가 되는 곳이었어요. 다음날 저는 신부님을 모시고 거기에 갔어요.

장호원본당에는 2층으로 된 사제관이 있었고 메리놀 신부님 세 분이 계셨어요. 거기는 큰 교구라서 관할에 초등학교와 중학교도 있었어요. 코너 신부님은 제게 밖에 앉아서 기다리라고 했어요. 그리고 혹시 사람들이 다가와서 말을 걸면 이야기를 나눠 보라고 했어요. 별로 그러고 싶지 않았지만 선택의 여지가 없었지요. 거기 우두커니 앉아 있는데 아이들이 저한테 다가왔어요. 왠지 편안한 기분이 들었죠. 아이들이 아주 가깝게 다가오지는 않았어요. 그래도 이야기는 충분히 나눌 수 있는 거리였죠. 그때가 아마 아이들과 "눈을 먹을까? 코를 먹을까? 입도 먹을까? 왁!" 게임을 처음으로 했을 때일 겁니다. 아이들 모두 소리를 지르며 도망갔어요. 물론 얼굴에 함박웃음을 띤 채요. 그러고는 다시 제 곁으로 살금살금 다가왔어요. 나는 편안해졌어요.

코너 신부님과 트럭을 타고 다시 서울로 돌아왔습니다. 돌아오는 길이 온통 흙길이어서 네 시간 넘게 걸렸던 기억이 납니다. 돌아오는 길에 신부님께 오늘 있었던 일을 말씀드렸어요. 코너 신부님이 저를 돌아보며 "신부님, 신부님은 이제 비로소 로맨스를 시작한 겁니다." 하고 말씀하셨어요. 당연히 저는 반문할 수밖에 없었죠. "로맨스요?"

제 로맨스는 그렇게 시작되었답니다.

십자가

1989년 메리놀회 한국 지부장으로 임명된 뒤에 미국에 가서 리더십 훈련을 받았어요. 그 교육 과정 중에 자서전을 써 보는 것이 있었지요. 심리 상담사가 제가 쓴 글을 읽고 여러 가지 질문을 했어요. 그때 받은 질문들을 지금도 선명하게 기억합니다. 이런 것들이었어요.

"당신은 사제로서 임무를 다 마친 뒤 어떤 모습으로 기억되고 싶나요? 깊이 생각하지 말고 머릿속에 떠오르는 생각을 바로 말해 주세요." 문득 "일치(Unity)"라는 말이 떠올랐습니다. 그리고 최후의 만찬도 생각났습니다. 예수님이 제자들의 발을 씻겨 주신 것, 그리고 주님의 마지막 말씀, 서로 관심을 가지고 사랑하라는 것이 떠올랐지요. 그래서 저는 "일치"를 위해 애쓴 사제로 기억되고 싶다고 대답했어요.

상담사는 또 물었어요. "당신은 무엇을 가장 두려워하나요?" 물론 이 질문의 답은 사람마다 다를 거예요. 전 "갈등 상황을 잘 다루지 못하는 게 두려워요." 하고 말했어요. 그러자 그가 "당신은 갈등을 어떻게 다룹니까? 예를 들어 당신이 가야 하는 길 한가운데 큰 바위가 놓여 있다면 당신은 어떻게 하시겠어요?" 하고 물었죠. "나는 바위 옆으로 돌아가겠습니다." 상담사는 이

60년 동안 지닌 십자가. 2020.

한국으로 떠나기 전에 스펠만 추기경님이 십자가를 주시며
이런 말씀을 해 주셨어요. "세상에는 여러 형태의 순교가 있습니다.
피의 순교도 있고 일상에서 실천하는 순교도 있습니다.
그러니 어떤 길로 갈지 정하세요. 주님이 함께 계실 겁니다."
지난 60년 동안 그 십자가를 늘 곁에 지녔습니다.

렇게 말했어요. "갈등을 우회하는 것은 당신의 약점일 수도 있고 당신의 강점일 수도 있습니다. 갈등을 좋아하는 사람은 아무도 없어요. 갈등이 두려운 것은 자연스러운 일입니다." 어쨌든 그건 사실이죠. 전 지금도 갈등을 좋아하지 않아요. 언제나 생각해요. 인간관계에서 제 약점은 갈등 상황을 피하는 거라고.

"당신의 꿈은 무엇입니까?" 그 질문에 대해 저는 "한국에 영원히 남는 것"이라고 대답했어요. 순교자가 되고 싶었던 것 같아요. 어릴 적부터 순교자가 되어야 한다고 배웠기 때문이겠지요. 제가 다녔던 소신학교도 순교자의 이름을 딴 학교였고 학교에 다니는 내내 순교한 선배 선교사들 이야기를 들었지요. 지금 생각해 보면 순교자가 되겠다는 건 터무니없던 생각인 것 같긴 하지만 아무튼 그땐 그랬어요.

1960년 사제 서품식 뒤에 선교사를 위한 송별회가 있었어요. 스펠만 추기경님도 계셨죠. 그 즈음에 사실 전 불안했어요. 늘 사제가 되고 싶었지만 막상 소임을 받게 되자 덜컥 겁이 난 거죠. 한국으로 떠나면 안 될 것 같은 기분이 들었어요, 아무래도 실수하는 것만 같았어요. 그날 추기경님께서 이런 말씀을 해 주셨어요. "세상에는 여러 가지 형태의 순교가 있습니다. 피의 순교도 있고 일상에서 실현하는 순교도 있습니다. 그러니 어떤 길로 갈지 정하세요. 주님이 함께 계실 겁니다." 그날 추기경님께서 제게 십자가를 주셨습니다. 그 십자가를 지난 60년 동안 늘 곁에 두었어요. 벽에 걸려 있는 저 십자가입니다.

연민

1988년 북한의 장충성당에서 첫 미사를 봉헌한 분은 장익 주교님이셨지요. 제 평생의 둘도 없는 친구예요. 장익 주교와 함께 북한의 교회, 북한 선교에 대해 이야기를 많이 나누었어요.• 장충성당에서 미사를 드렸을 때 예견되는 좋은 점과 우려되는 점도 이야기했지요. 장 신부님은 양쪽 모두를 다 잘 이해하고 있었어요. 어느 한편이 옳다고 확신할 수가 없었지요. 미사에 온 사람 가운데 얼마나 많은 이가 신자인지, 그들이 진짜 가톨릭 신자인지 우리는 알 수 없었어요. 그때 이런 이야기를 함께 했던 게 기억나요. "그래도 우리는 계속해서 북한의 신자들을 만

• 장익 주교가 한 최근 인터뷰에서 그의 생각을 짐작할 수 있다. "북녘 땅 복음화, 이북 교회 재건은 가능할까요?"라는 질문에 그는 이렇게 말한다. "통일되면 북한 가서 성당 짓는 게 첫 번째가 되면 안 됩니다. 북녘 형제들의 아쉬운 것부터 파악하고 도와주는 게 우선돼야 합니다. 나서지 않고 도와야 합니다. 성당을 구경도 못해 보고 산 세월이 수십 년이니까 힘들더라도 생색내지 말고 드러나지 않게 소리 없이 돕는 게 중요합니다." - 「가톨릭평화신문」, 2020. 6. 14.

나야 한다고 생각해요. 손을 내미는 것을 멈춰서는 안 된다고 생각해요."

장충성당을 교회라고 부를 수 있다면 그건 무너지기 아주 쉬운 약한 교회겠지요. 그렇다고 그게 그곳에 가지 말아야 할 이유가 될까요? 지금 단계에서 그게 교회인지 아닌지를 논리적으로 판단할 필요는 없다고 생각해요. 이 사람들의 신앙이 살아날지 죽을지, 장충 교회 신자들이 어떤 종류의 신앙을 갖고 있는지, 뭐 이런 것들은 나중에 차차 드러나게 될 거예요. 그러나 지금처럼 막 시작하는 단계에서는 자료나 증거에 초점을 맞추지 말고 불쌍히 여기는 마음(compassion)에 초점을 맞추는 게 필요하지 않을까요?

불쌍히 여기는 마음을 갖는 것은 한 사람 한 사람이 겪고 있는 저마다의 어려움을 바라보고 함께하는 것이에요. 그런 면에서 파 주교님께 배운 게 있어요. 우리 청주교구에 북한에서 온 피란민 남자가 있었어요. 그분은 북한을 떠날 때 두 번 다시 돌아가지 못할 거라고는 꿈에도 생각지 못했답니다. 그래서 전쟁 통에 가족들을 고생시키지 않으려고 혼자 내려왔다가 결국 돌아가지 못했지요. 세월이 한참 흐른 뒤에 재혼을 하고 싶다면서 주교님을 찾아왔답니다. 교회법상 한 번 교회에서 혼배성사를 한 사람은 재혼할 수 없지요. 교회법에서는 배우자가 사망한 경우에만 재혼할 수 있어요. 파 주교님은 그분에게 북한에 있는 자기 집 주소를 아느냐고 물었어요. 당연히 안다고 했겠죠. 파 주교님께서는 그 남자의 고향이 심한 폭격에 큰 피해를 당했다는 것을 밝히고 아내가 사망했을 가능성이 높다는 것을 인정했어요. 기근으로 사망했을 수도 있고…… 어쨌든 사망을 전제로 한 거지요. 그리고 한편으로는 그분에게 신문에 여러 차례 아내를 찾는 광고를 내도록 했어요. 오랜 시간이 지나도 아무런 소식이 없자 주교님은 "배우자가 사망했다는 걸 전제로 이 결혼을 인정한다."고 확인해 주셨어요. 그때 파 주교님은 이 일을 교황청에 문의하지 않으셨어요. 그분은 언제나 이렇게 말씀하셨죠. "신자들은 우리가 상식에 근거해서 판단하기를 기대해요. 그리고 그건 옳아요."

상식에 근거해서 판단하는 것은 어떤 일이 "안 되게 하기 위해서" 하지는 않아요. 어떤 일이 "되게 하기 위해서" 하지요. 장충성당의 미사도 마찬가지라고 생각해요. 교회법에서만 근거를 찾거나 우리 체제에 맞춰서만 보지 말고 상식에 근거해서 방법을 찾아야죠. 우리는 북한 사람들이 처해 있는 상황에서 그곳 신자들의 영혼을 어떻게 구원할 것인지를 고민해야 하죠. 어떤 이는 북한 신도들이 신앙생활을 제대로 할 수 없는데 어떻게 성체를 줄 수 있느냐고 말해요. 그런데 사제가 신자들에게 성체를 줄 때 그들이 죄가 있는지 없는지 알고 주는 것이

장충성당에서 드리는 미사.

장충성당은 무너지기 아주 쉬운 약한 교회겠지요.
지금 단계에서 이게 교회인지 아닌지를 논리적으로 판단할
필요는 없다고 생각해요. 지금처럼 막 시작하는 단계에서는
자료나 증거를 따지지 말고 불쌍히 여기는 마음에
초점을 맞추는 게 필요하지 않을까요?

아니에요. 성체를 주면서 마지막 고해성사를 언제 했냐고 묻지 않잖아요. 잘못을 명백히 알지 않는 이상 사제는 신도를 믿고 성체를 줍니다.

사실 장충성당 미사에 참례한 사람들 가운데 많은 이들이 동원된 사람인 것은 맞는 것 같아요. 그 미사 중에 있던 한 사람이 탈북한 뒤 그때를 증언하는 것을 들은 적이 있거든요. 그 사람도 거기 있었던 사람들이 동원된 사람이라고 말했어요. 사실 모두가 어느 정도 느꼈던 부분이에요. 성가를 마치 군가처럼 불렀거든요. 하지만 그렇다고 모든 이가 다 가짜라고 말할 수도 없어요. 거기에는 할머니들도 계셨어요. 그들을 개인적으로 만나서 이야기를 나눈 적이 없잖아요. 우리는 그들을 모두 받아들여야만 해요. 우리 선호와 관계없이 하느님은 그들을 사랑하세요. 사제로서 우리는 그들을 연민을 가지고 바라봐야 해요.

이것은 관계입니다. 상호적인 것이지요. 우리가 익숙하게 알고 있는 모든 것을 북한에 그대로 다 적용할 수 없어요. 남한에서 아름다운 것을 그대로 북한에 이식해서 북한에도 그대로 자라기를 기대할 수는 없지요. 그건 제가 미국에서 좋았던 것을 그대로 남한 교회에 이식할 수 없는 것과 마찬가지예요. 제가 있는 곳은 한국 교회이지 미국 교회가 아니니까요. 마찬가지로 남한에서 자리 잡은 것을 북한에도 그대로 작동할 거라고 말할 수 없어요. 우리에게 필요한 것은 좀 더 유연하게 대화하는 것입니다. 저는 주교님들이 장충성당 미사에 대해 우려하신 것을 이해해요. 받아들여요. 그러나 그게 그들과 접촉해서는 안 된다는 것을 뜻하는 것은 아니라고 생각합니다.

저는 북한 사람들을 만날 때 그들과 "같이" 있으려고 해요. "함께"하려고 노력합니다. 우리가 조금 더 친절하게 대하면 그들과 조금씩 가까워질 수 있어요. 북한 사람들은 친절함이나 사려 깊은 태도에 큰 영향을 받아요. 그건 아이들과 가위바위보 놀이를 하는 것과 비슷해요. 마음을 열고 함께 시간을 보내면 경계심이나 두려움이 사라질 수 있습니다.

떠남

우리는 곧 이 집을 떠나요. 이 집을 떠나게 된다는 것 때문에 오랫동안 슬펐어요. 좌절했고 무력했고 화가 났지요. 이곳은 메리놀회의 상징 같은 곳이에요. 그런데 이제 우리는 떠나야 합니다.

지금 한국에 메리놀 선교사는 여덟 명밖에 없어요. 네 명은 이곳에서 함께 살고 네 명은 다른 곳에 머무르고 있어요. 한국에는 지난 35년 동안 새로운 선교사가 오지 않았습니다. 우리는 모두 여든 전후의 노인이 되었어요. 이 숫자로 선교회를 유지하는 것은 재정적으로 비용이 너무 많이 들지요. 우리가 계속 이곳에서 살 수 없다는 것은 이해합니다. 얼마 전 우리는 이 집을 떠나 어디로 가야 할지 의논했어요. 여덟 명 중 다섯 분은 미국으로 돌아가지 않고 한국에 남겠다고, 그러고 싶다고 말씀하셨어요. 서울교구에서 우리 거처를 마련해 주셨죠. 우리는 곧 신길동으로 이사 갑니다. 살다가 누군가의 짐이 되는 순간이 오면 우리도 미국으로 돌아가야겠지요.

메리놀 선교사들은 1942년 일제에 의해 북한에서 추방된 뒤에 다시 상황이 좋아져 평양교구로 돌아갈 수 있게 될 날만을 기다렸어요. 하지만 해방이 되어서도 돌아갈 수 없었지요. 일단 남한에 정착하기는 했지만 언젠가 돌아가야 할 곳은 신자들이 기다리고 있는 평양교구라고 늘 생각했어요.

북한에서 추방된 뒤 한국에 살 곳이 필요해서 6·25 전쟁 중에 중곡동 이 땅을 매입했어요. 1953년 7월 휴전이 되기 직전이었죠. 그때는 외국인이 땅을 살 수가 없어서 서울교구를 통해서 샀어요. 그 과정에서 장면 박사님이 많이 도와주셨어요. 이 집은 1956년에 주춧돌을 놓았고 1960년에 사제관과 성당을 완공했어요. 이곳은 오랫동안 메리놀회 한국 지부였고 선교사들이 머물 수 있는 집이었어요. 이곳은 늘 편안했죠. 하지만 언젠가 평양으로 갈 꿈을 잊지 않았어요.

청주에 있을 때 파 주교님과 젊은 사제 일곱 명이 모여서 이야기를 나눴던 기억이 납니다. 북한에서 넘어온 신부님들이 몇 분 계셨어요. 그 신부님들은 서울 집을 팔고 평양으로 이사하는 것을 꿈꿨지요. 대화하는 신부님들 표정이 정말 즐거워 보였어요. 꿈을 꾸는 것만으로도 행복한 듯했어요. 얼굴에 그늘이라곤 없었죠. 정말 그렇게 되리라고 믿었던 것 같아요. 저 역시 언젠가는 저절로 그렇게 될 줄 알았어요. 그때 거기 모였던 신부님들 가운데 이제 이 세상에 남은 사람은 저 하나밖에 없어요. 파 주교님께서 먼저 돌아가시고 선배 신부님들이 돌아가셨어요. 그러고 나서 동창 신부님들도 다 죽었지요. 제가 마지막인데······. 그래서 더더욱 이 집을 파는 게 마음이 무거워요. 이제 우리가 평양으로 가는 꿈은 더 이상 꿀 수가 없어요. 끝났지요. 집까지 팔고 나면 한국에서 메리놀회는 떠나버리는 것 같았지요. 그래서 울었어요. 많이 울었죠. 물론 주님의 뜻이라고 생각합니다. 선교사는 언제나 이렇게 떠나는 게 숙명이니까요.

슬픈 마음에 기도하고 프란치스코 교황님께서 쓰신 글을 다시 봤어요. "우리는 모두 세례를 받았을 때부터 선교사입니다." 맞는 말씀이지요. "선교사가 되려면 당신이 익숙하고 편안한 곳을 떠나야만 합니다." 지금은 이 집이 가장 편안한 공간이에요. 그러니 교황님께서 말씀하신 대로 이 집을 떠나 새로운 거처로 옮기게 된 상황을 기쁘게 받아들여야죠. 제가 받아들여야 하는 새로운 변화라는 걸 잘 압니다. 그런데 나이가 들면 변화하는 게 훨씬 더 어려워져요. 저는 솔직히 말해서 지금이 전보다 훨씬 더 평화로워졌어요. 이 인터뷰가 많은 도움이 되었습니다.

저는 한국인 신부님들이 메리놀회 선교사들이 했던 것처럼 언젠가 북한으로 선교하러 가게 될 거라고 믿습니다. 왜냐하면 북한에 관심을 갖는 분들이 점점 많아지니까요. 우리는 지난 수십 년 동안 많은 사람을 만났고 많은 일을 시도했어요. 실패를 참 많이 했죠. 사람도 상황도 프로젝트도…… 거의 다 실패했습니다. 하지만 앞으로 북한 선교를 시도하는 신부님은 실패하지 않을 거라고 생각해요. 그래서 의정부교구를 생각하면 마음이 좀 더 평화로워져요. 주교님도 관심이 많으시죠. 이 모든 게 하느님의 축복입니다.

하느님께서는 우리 삶에 어려움을 주시면 언제나 그에 상응하는 선물도 함께 주세요. 하느님은 문 하나는 닫지만 다른 하나는 여시는 분이죠. 어쨌든 한국 교회에 큰 변화가 일어났죠. 의정부교구에서 날마다 9시에 드렸던 한반도 평화를 위해 바치던 주모경˙을 이제 전국의 모든 교구에서 함께하고 있잖아

• 가톨릭의 주요 기도문인 "주님의 기도"와 "성모송"을 말한다.

요. 또 2020년 6월 25일 "민족의 화해와 일치를 위한 기도의 날"에는 전국의 모든 교구에서 다 함께 한반도의 평화를 위한 기념 미사를 드리기로 했어요. 그것도 큰 변화입니다. 우리는 가끔 하느님께서 우리를 잊었거나 버렸다고 생각하곤 하지만 그분은 결코 우리에게 혼자 십자가를 지게 하고 방관하시는 분이 아닙니다.

제가 젊은 사제였을 때는 그리 외롭지 않았어요. 나이가 들면 달라요. 우리 이야기를 들어줄 누군가가 필요하지요. 제 내면에 있는 솔직한 생각을 터놓을 수 있는 사람 말입니다. 저는 이번 인터뷰를 통해 여러분에게 이 이야기를 하는 것이 편안했습니다. 들어주셔서 감사합니다.

야전 병원

어제 파리외방전교회, 과달루페 외방선교회, 성 골롬반 외방선교회, 메리놀회 등 한국에 있는 외방전교회 소속 사제들이 함께 모여서 식사했어요. 우리가 주로 나눈 이야기의 화제는 선교사들 모두가 점점 늙고 쇠약해진다는 거예요. 상황은 조금씩 달랐지만 모두가 어려움을 겪고 있다는 공통점이 있었죠.

대화에서 우리가 얻은 결론은 간단했어요. "아마도 우리가 점점 사라지는 게 하느님께서 원하시는 것인가 보다. 우리 시대는 이제 끝났나 보다. 이제는 모든 교구의 교회가 선교의 사명을 수행하니까 우리가 점점 사라지는 것은 당연한 일인가 보다. 죽는 것을 두려워해서는 안 되겠다."

그렇게 생각하다가도 선교회가 점점 쇠퇴해 가니까 그 안에 남아 있는 사람들은 어떻게 하면 사라져 가는 선교회를 되살릴 수 있을까를 고심하게 되죠. 이제 뭘 해야 할까, 우리도 성소자˙를 받아야 할까? 그 자리에 모인 선교 사제들 가운데 몇 명은 그 의견에 찬성했고 몇 명은 반대했어요. 지금까지 메리놀회는 한국인 성소자를 받아본 적이 한 번도 없어요. 우리의 사명은 메리놀회를 유지하는 게 아닌 지역 교구를 살리는 것이었으니까 우리 선교회의 성소자를 따로 받지 않았던 거죠. 그런데 이제 와서 조직의 생존을 위해서 성소자를 받는다? 이건 참 어려운 문제예요.

어쩌면 이 모든 게 다 선교사의 운명인지도 몰라요. 젊었을 때 지학순 주교님께서 제게 해 준 말을 아직도 기억해요. "신자

˙ 사제 또는 수도자를 지망하여 신학교나 수도회 입회를 준비하는 사람.

들이 방인 신부님을 더 좋아한다고 해서 시기하지 마세요. 그건 신자들이 말이 더 잘 통하는 방인 신부님을 더 편안하게 생각하기 때문입니다. 그러니 신부님도 신자들 마음을 편안하게 해 주세요." 맞는 말씀이셨죠. 같은 민족이니까 서로 더 편안하고 잘 이해할 수 있는 건 당연해요. 하지만 글쎄요, 마음 한편에 섭섭한 마음이 전혀 없다면 거짓말이에요. "내가 본당 주임신부인데 왜 나한테는 안 오는 거야?" 하는 마음이 들 때도 있었지요. 이젠 신자들의 그 마음을 다 이해해요.

선교사는 안락해진 공간을 떠나야 한다는 교황님의 말씀을 다시 되새겨 봅니다. 필라델피아를 떠나서 한국으로 온 것, 수동성당을 떠나 괴산성당으로 간 것, 괴산성당을 떠나 서울 본부로 온 것은 다 제가 익숙하고 편안해진 공간을 떠나 선교사로서 사명을 받아들이면서 한 일들이었어요. 선교사의 일은 야전 병원에서 일하는 것 같아요. 한국뿐만 아니라 전 세계 모든 지역에서 하는 선교가 다 그래요. 우리는 낯선 장소에 가서 우리가 돌볼 수 있는 사람들을 돌보려고 노력합니다. 그리고 어느 정도 그곳이 잘 자리 잡게 되면 돌봄이 필요한 또 다른 곳으로 이동하게 되지요. 정말 선교사들은 늘 최전방 참호 안에 있는 것만 같아요.

나는 한국 사람처럼 되고 싶었어요. 그런데 슬픈 일은 선교

메리놀회 한국 지부를 방문하신 프란치스코 교황님. 2014.

슬픈 마음에 기도하고
프란치스코 교황님께서 쓰신 글을 다시 봤어요.
"우리는 모두 세례를 받았을 때부터 선교사입니다.
선교사가 되려면 당신이 익숙하고 편안한 곳을 떠나야 합니다."

사는 아무리 노력해도 결국 그렇게 되기 어렵다는 거예요. 사람들은 늘 제가 미국인이라고 생각했고 제가 어떤 실수를 하거나 어떤 문제에 대해 이야기하면 또는 어떤 일에 대해 비판적으로 말하면 아주 민감하게 반응했죠. "당신은 외국인이라서 이 상황을 제대로 이해하지 못해요." 그건 북한 사람들이 "우리 식대로"라고 말하며 더 이상 말을 할 수 없게 끊어 버렸던 것과 비슷해요. 그러니까 나는 제가 옳다고 생각하는 걸 주장하는 게 아니라 그들이 원하는 것을 해야죠. 전 이곳을 미국 교회처럼 만들려고 온 게 아니에요. 제가 여기에서 해야 할 일은 제 자신을 최대한 한국 사람처럼 만들어서, 한국인의 입장에서 일해야 하는 것이죠. 왜냐하면 그렇게 해야만 교회가 살 수 있으니까. 그런데 이건 쉽지 않아요, 평생 걸리는 작업이에요.

존엄과 존중

매일 아침에 일어나자마자 이런 기도를 합니다. "하느님, 제 마음이 한국인의 마음을 닮게 해 주세요." 물론 저는 언어도 그렇고 사고방식도 그렇고 결코 한국인이 될 수 없다는 것을 잘 압니다. 하지만 마음만은 닮게 해 달라고 기도해요. 세월이 이만큼 흘렀으니 아마 70퍼센트나 80퍼센트 정도는 이제 닮지 않았을까요? 그리고 한반도에 평화가 오기를, 민족이 화해하기를 그리고 남북이 서로 대화하기를 하느님께 간구합니다. 그렇게 기도하고 하루를 시작하죠.

한국인이 되려면 두 가지 특별한 능력을 가져야 하는 것 같아요. 하나는 "눈치"예요. 외국 사람들은 눈치가 둔한 편이죠. 처음 한국에 올 때는 눈치가 뭔지 전혀 몰랐고 실제로 눈치도 전혀 없었지요. 그런데 지금은 이게 어떤 것인지는 조금 가늠할 수 있어요. 이건 제가 타인에게 어떻게 접근할 것인가에 대한 문제 같아요. 그러려면 자신의 장점과 약점을 알아야 해요. 이건 스스로 찾아내야 하는 겁니다.

또 하나는 "함께" 하는 것이에요. 제가 선교사가 되었을 때 아버지는 탐탁지 않게 여기셨어요. 혼자서는 전구 하나 제대로 못 갈면서 한국에 가서 도대체 어떻게 살 거냐고 하셨죠. 하지만 그건 기우였어요. 늘 저를 도와주는 한국 분들이 계셨거든요. 어떤 면에서 단지 존재한다는 것만으로, 단지 기도한다는 것만으로, 단지 그들을 응원한다는 것만으로, 그들은 제 곁에서 저를 도와줬어요. 우리는 함께 했습니다. 그래서 늘 감사했습니다.

한국 사람처럼 되고 싶었지만 저는 진짜 한국 사람이 될 수는 없었어요. 서두른다고 될 수 있는 성질의 것도 아니었죠. 그것은 긴 과정이었어요, 하루아침에 그렇게 될 수도 없었죠. 저는 늘 부족했어요. 제 한국어 실력은 여전히 한계가 많았고, 한국 사람들과 대화할 때면 상대방이 잘 알아듣고 있는지 늘 걱정하며 이야기하곤 했죠. 사람들을 만날 때 말이 부족하니까 더 진심으로 대하려고 언제나 노력했어요. 사람 인(人) 자를 보면 다리 두 개가 받쳐 주잖아요. 한국어 다리가 튼튼하지 않으니까 마음이라는 다른 다리를 잘 써야 한다고 생각했죠. 한국 사람들은 제가 정말 그들을 위해 일하는지 그들에게 진심으로 관심이 있는지 아주 잘 알아차려요. 정말 눈치가 빠르죠.

돌이켜보면 지난 60년 동안 한국에 있으면서 배운 것이 참 많습니다. 특히 파 주교님처럼 북한 출신 선배 선교사들이 가르쳐 준 것은 매우 소중했습니다. 제가 처음 한국에 왔을 때 수천 명의 피란민이 있었어요. 당시 저는 우리 메리놀회 사제들 가운데 북쪽에 있다가 남쪽으로 넘어온 사제와 남한으로 바로 온 사제들이 피난민들과 어떻게 지내는지 관찰했지요. 그때 저는 파 주교님 비서였기 때문에 북쪽에서 온 신부님들과 친하게 지낼 수 있었습니다. 그분들이 늘 제게 "함 신부님, 신부님은 이 피란민들을 대할 때 존엄(dignity)과 존중(respect)을 잃지 않아야 해요." 하고 말했어요. 교구 안에만 해도 북한에서 온 피란민들이 도처에 많았거든요. 북에서 온 신부님들은 이 피란민들을 평양교구에 있을 때부터 알고 계셔서 그 처지를 너무나 잘 이해하고 있었죠. 그래서 이 피난민들에게 어떤 가족이 있는지, 빈손으로 와서 이곳에서 생활하는 게 얼마나 절박한지 누구보다도 잘 알고 계셨어요. 결핵 환자를 지원하기 위해 북한에 갈 때마다 파 주교님과 북한 출신 선배 선교사들을 생각했습니다. 그리고 제가 할 수 있는 한 최고의 존엄과 존중을 가지고 사람들을 대하는 것을 잊지 않으려고 애썼습니다.

제가 지금 북한에 가는 건 가톨릭을 전교하려고 가는 게 아니에요. 아픈 사람을 도와주기 위해서 사람들을 섬기기 위해서 가는 것이죠. 북한에서 우리와 함께 다닌 수행원과 이야기를 나눈 적이 있어요. 그들은 사제가 어떤 사람인지 잘 알고 있었죠. 그들은 사제를 원하지 않았어요. 그때 제가 "나는 당신과 똑같아요. 자 보세요, 당원으로서 당신 삶의 목표는 무엇인가요?" 하고 물었어요. 그가 뭐라고 대답할지 확신이 서지 않아서 그냥 제 이야기를 계속했어요. "당신의 목표는 인민을 섬기는 거 아닌가요? 똑같아요. 저는 공산주의자는 아니에요. 하지만 인민을 위해서 봉사하지요. 사람들을 섬깁니다. 사실 우리는 같은 일을 하고 있는 거예요." 실은 그분들 없이는 우리도 프로젝트를 진행할 수 없고 우리 없이는 그분들도 마찬가지예

ⓒ유진벨 재단

안주 인민병원의 의사와 환자, 2005.
제가 지금 북한에 가는 건
가톨릭을 전교하려고 가는 게 아니에요.
아픈 사람을 도와주기 위해서
사람들을 섬기기 위해서 가는 것이죠.

요. 서로를 필요로 하는 거죠. 그래서 전 "함께"라는 표현을 주로 써요. "그러니까 함께 합시다" 그리고 우리는 공동 목표를 갖고 있지요. 병든 환자들을 돕는 것입니다. 저는 제 한계를 분명히 알아요. 그래서 이렇게 말했어요. "당신은 인민을 가톨릭 신도로 만들고 싶지 않지요? 저는 그것을 위해서 이곳에 온 것이 아닙니다. 나중에 혹시 그런 기회가 올지도 모르죠. 하지만 지금은 아니에요."

가난한 시절 청주교구에서 사목 활동을 하던 때 생각이 많이 납니다. 그때 한국에 식량 지원 프로젝트를 진행한 적이 있어요. 모든 게 다 어려웠죠. 카리타스 자매님들이 배급품을 나눠 줬어요. 돈이 아니고 쌀이나 연탄을 주었지요. 처음부터 혼란의 도가니였어요. 어떤 물품도 필요한 사람에게 다 나눠줄 만큼 충분하지 않았거든요. 그래서 이장님과 함께 구호 물품을 나눠 주는 그 일을 하기로 했어요. 지역 사람들 처지를 잘 모르던 때라 이장님이 확인해 주지 않으면 배급품을 줄 수가 없었어요. 물품은 부족했고 사람들은 하나라도 더 가지려고 했어요. 먹을 것도 옷도 다 부족했습니다. 식구가 일곱 명이었는데 열 명이라고 우기는 사람도 부지기수였죠. 우리 모두 찢어지게 가난했던 시절이라 배급을 어떻게 나눠 주는지가 아주 중요했습니다. 정말 가난했던 시절이었어요.

그런데 그 당시 사람들은 가난해서 고통받기는 했지만 가톨릭 신자로서 자신을 희생하기도 했어요. 당시 성당에 주머니를 달아 놓거나 독을 놓아두면 신자들은 쌀 한 숟가락 보리 한 숟가락을 아껴서 거기에 보탰어요. 그 자루나 독은 기적처럼 채워져서 식량이 꼭 필요한 사람에게로 돌아갔죠. 어려운 살림에 모든 사람들이 자기들 몫을 조금씩 조금씩 내놓은 거예요. 사람들에게 큰마음을 품고 어려운 선행을 하라는 것이 아니었어요. 이건 아주 작은 나눔이었지만 모여서 큰 도움이 되었지요. 참 아름다운 일이었어요. 모든 사람들이 조금씩, 그리고 필요한 사람을 존중하면서, 존엄을 갖춰서 서로 도왔지요.

그 시절 저는 장례식이 제일 힘들었어요. 왜냐하면 유가족들이 "어떻게 살아야 하느냐"고 제게 묻는데 할 수 있는 것이 아무것도 없어서 무력감을 느꼈거든요. 아이가 넷이나 되는 엄마가 물었어요. 이제 자기는 어떻게 살아야 하느냐고. "남편은 죽었고 쌀독은 비었어요. 신부님, 이제 뭘 해야 할까요?", "우리가 할 수 있는 최선을 다해 봅시다." 하고 대답했지만 말할 수 없는 무력감을 느꼈어요. 제가 어떻게 이 가족의 앞날을 책임지겠어요. 제가 어떻게 이 아이들을 먹일 수 있겠어요. 정말 모르겠고 곤혹스러웠습니다. 그런데 말입니다. 우리가 뭔가 "하겠다"고 마음먹은 순간 어떤 일이 벌어져요. 가난한 사람들이 조금씩 쌀을 모으는 것처럼 말입니다.

어머니

저는 하루를 이렇게 기도하면서 시작해요. "사제가 되는 은총을 주셔서, 한국에 오게 해 주셔서, 한국 사람들을 만나게 해 주셔서 감사합니다." 이곳에서 이렇게 60년이나 살게 될 줄 몰랐어요. 그동안 제 삶에 영향을 끼친 일들이 정말 많이 일어났고 돌아보면 그 모든 일에 늘 감사합니다. 그동안 제 삶에 들어오고 또 떠나간 모든 사람들에게도 다 감사합니다. 지나고 보니 모두 다 은총이었어요.

또 새로운 변화에 잘 적응할 수 있게 해 달라고 기도하고 또 하느님이 보내 주신 모든 것을 기쁘게 받아들일 수 있게 해 달라고도 기도해요. 하느님께서는 우리에게 여러 다른 수준의 선물을 보내시는 것 같아요. 다른 사람을 용서하고, 내가 상처받은 것을 잊어버릴 수 있는 능력도 그중 하나일 겁니다. 저는 아일랜드계 배경을 가지고 있어서인지 용서하고 나서도 마음속의 상처가 쉽게 사라지지 않는 경우가 많아요. 그건 가슴에 앙금을 남기는 거라 정신적으로 건강하지 않은 거예요. 그래서 하느님께서 제게 보내신 것은 그게 무엇이든지 평화와 기쁨의 마음을 가지고 받아들일 수 있는 믿음을 달라고, 그리고 무엇이든 용서하고 잊어버릴 수 있는 능력을 달라고 늘 기도해요.

한국 사람들도 잊어버리는 것을 어려워하는 것 같아요. 그 점에서 우리는 비슷하죠. 잊으려면 오래가요. 그래서 나는 시간이 흐르는 것에도 감사합니다.

우리 가족에게도 감사합니다. 제가 신학생이었을 때 우리 가족에게 어려운 일이 닥쳤습니다. 어쩌면 그때 사제가 되는 일을 포기했을지도 모릅니다. 아버지는 집을 떠났고 어머니는 일을 해야 했거든요. 살던 집을 다른 사람에게 월세로 내주고 우리는 작은 집으로 이사를 했어요. 그 무렵 어머니한테 심장마비가 왔어요. 신학교 3학년 때였죠. 그래서 제가 어머니에게 "신학교를 그만두겠어요. 엄마를 도와서 여동생들을 돌보고 일자리를 구하겠어요." 하고 말씀드렸습니다. 어머니가 너무 고생하게 될까 봐 무척 걱정했습니다. 그때 어머니께서 제 마음을 다잡아 주셨어요. "사제가 되는 건 네가 선택한 길이야. 그리고 엄마도 엄마가 선택한 길을 가는 거란다. 둘 다 똑같이 어려운 일이지. 난 네가 선택한 길을 잘 따라가기를 바란단다. 그러니 계속하렴. 나도 잘 헤쳐 나갈 테니."

결국 저는 사제가 되었고 나중에 어머니를 한국에 초대했어요. 어머니 환갑잔치를 수동성당에서 아주 멋지게 해 드렸습니다. 주교님과 신부님들도 모두 참석해서 다 함께 축하해 주셨죠. 아주 큰 잔치였어요. 모두 한복을 입었던 기억이 납니다. 어

수동본당에서 연 어머니 회갑연. 1972.

"여기 와 보니까 우리 아들이 왜 행복한지 이해하겠습니다.
우리 아들을 행복하게 해 주셔서 그리고
사랑해 주셔서 감사합니다."

머니는 그때 통역사의 도움을 받아서 이런 말씀을 하셨어요. "여기에 와 보니까 우리 아들이 왜 행복한지 이해하겠습니다. 우리 아들을 행복하게 해 주셔서 그리고 사랑해 주셔서 감사합니다." 어머니는 그 뒤로 완전히 바뀌셨어요. 평화로워지셨죠. 그때 전 너무 행복해서 더 이상 바랄 게 없었어요. 그래서 그 무렵 머릿속으로 생각만 하던 계획 하나를 어머니께 말씀드렸죠. "엄마, 저와 함께 한국에서 살아요." 어머니는 좋다고 하셨어요. 그래서 미8군에 어머니께서 할 만한 일자리도 알아보고 생활하실 아파트도 보러 다녔어요. 그런데 그 계획은 결국 실현되지 못했어요. 한국에 다녀가신 지 3년 만에 어머니는 돌아가셨어요. 암이 발견됐고 어머니는 호스피스 병동에 계시다가 떠나셨지요.

어머니가 편찮으시다는 소식을 듣고 주교님께 허락을 구해서 휴가를 받고 미국에 갔어요. 덕분에 어머니가 돌아가시기 전에 얼마간 함께 시간을 보낼 수 있었죠. 어머니가 수술을 받기 전에 갈 수 있었어요. 담당 의사 선생님이 한국 사람이었는데 제게 직접 가망이 없다고 말씀해 주셨어요.

어머니는 가족들과 일주일씩 한 명 한 명 따로 시간을 보내고 싶다고 하셨어요. 저와는 바닷가에 갔었죠. 어머니와 함께 일주일 동안 온전히 같이 있었어요. 산책도 하고 바닷가에서 파도 소리도 함께 들었죠. 많은 것들에 대해 이야기를 나눴어요. 어머니와 함께 있으면서 삶이 무엇인지 깊이 생각했어요. 그렇게 시간을 보낸 뒤에 어머니께서는 "이제 요양원에 갈 준비가 되었다."고 말씀하셨어요. 수녀님들이 운영하는 곳이었어요. 암환자를 위한 호스피스 요양원이었죠. 그곳에서 할머니도 돌아가셨다고 해요. 저는 한국에 있느라 할머니 임종을 지키지는 못했죠. 거기 수녀님이 저희에게 어머니가 묵고 싶은 방을 정하라고 하셨어요. 제가 정했어요. 어머니를 그 방에 모셨을 때 어머니께서 말씀하셨어요. "여기는 할머니가 돌아가신 바로 그 방이구나……." 제가 "아, 그럼 방을 바꿀까요?" 하고 물었어요. 어머니는 그냥 두라고 하셨어요. 두 분이 그렇게 같은 방을 쓰게 되는 우연은 흔한 일은 아니죠. 어머니는 하느님께서 그렇게 하신 거라고 믿었어요. 그게 어머니의 신앙이셨어요. 어머니는 삶의 마지막 순간을 평화롭게 받아들이셨어요.

  돌아가시기 전 어머니는 제게 이렇게 말씀하셨어요. 수표책을 꺼내시더니 "내가 서명해 놓을 테니 내가 죽으면 은행에 가지고 가서 돈을 전부 찾으렴. 그걸로 장례를 치르거라." 저는 그때 그런 이야기를 하고 싶지 않았어요. 그래서 그런 말씀하지 말라고 했더니 어머니는 제게 이 상황을 직면해야 한다고 말씀하셨어요. 그리고 동생에게 "중요한 부탁"을 했어요. 말씀하시길 "내가 관에 들어갈 때 립스틱을 꼭 제대로 발라 주렴."

사제 서품 직후 어머니께 드리는 첫 강복, 1960.
어머니는 '보리밭'을 들으며 묻히셨어요.
제게는 놀랍도록 아름다운 일들이 많이 일어났어요.
거기에는 늘 한국 사람들이 있었죠.
그것을 언제나 기억합니다.

한국으로 돌아오기 전에 "엄마, 혹시 나중에 신부님께 말씀드리고 싶은 게 있으면 제게 얘기하세요. 제가 다른 신부님께 부탁해 놓을게요." 하고 어머니께 말씀드렸어요. 어머니는 하느님의 부름에 응할 준비가 됐다며 장례 미사를 제가 해 주면 좋겠다고 하셨어요. "나는 다른 사제를 원하지 않는다."

한국으로 돌아온 뒤에 저는 날마다 어머니를 위한 미사를 드렸어요. 어머니와 함께 있을 때 어머니께 "털어 놓고 싶은 후회되는 일이 있는지" 물어본 적이 있어요. 어머니는 있다고 하시면서 이렇게 말씀하셨거든요. "나는 네가 드리는 미사를 별로 본 적이 없구나."

어머니는 호스피스 요양원에 가신 지 4개월 만에 돌아가셨어요. 저는 장례식에 참석하러 다시 미국으로 갔어요. 무척 슬프고 속상했던 기억이 납니다. 아직 63세밖에 안 됐는데 벌써 데려가신 하느님도 원망스러웠죠. 여동생들도 어머니의 죽음을 결코 받아들이지 못했어요. 하느님께 화가 나서 어머니가 돌아가신 뒤 일 년 넘게 교회에 나가지 않았죠. 저는 한국으로 돌아와 한동안 마음을 정리할 수 있는 시간을 가졌지만 그래도 그 큰 상실감은 정말 말할 수 없을 만큼 컸어요. 저는 어머니께서 나를 위해서 늘 기도하고 있었다는 것을 알고 있어요. 그 기도 덕분에 제가 이렇게 성장할 수 있었죠. 은총을 많이 받았어요.

그런데 이제 그분이 안 계시면 누가 저를 위해 기도해 줄까요?

그 당시 공군사관학교에서 영어를 가르치고 있었어요. 어머니의 부고를 듣고 공군사관학교에서 워싱턴에 있는 한국 대사관에 연락했어요. 그래서 미국에 있던 공군 장교들이 장례식에 참석할 수 있도록 해 주었어요. 한국인 예닐곱 명이 장례식에 왔었죠. 당시 그 친구들이 뭔가 도움을 주고 싶은데 무엇을 해주면 좋겠는지 제게 물었어요. 그래서 제가 부탁했어요. "어머니께서 한국을 방문했을 때 "보리밭"이라는 노래를 아주 좋아하셨습니다. 그 노래를 불러주시겠어요?" 다행히 그 친구들이 노래를 불러주었습니다. 어머니는 "보리밭"을 들으며 묻히셨어요. 제게는 놀랍도록 아름다운 일들이 많이 일어났어요. 거기에는 늘 한국 사람들이 있었죠. 저는 그것을 언제나 기억합니다.

남은 일
~

선교사에게는 세 가족이 있다고들 말합니다. 태어난 가족, 선교회 형제들, 그리고 선교지의 사람들입니다. 제게는 미국에 있는 가족들, 메리놀회, 그리고 한국 사람들이 제 가족입니다. 그런데 긴 시간이 지나면서 제가 가장 사랑하는 가족들 모두가 변하거나 사라졌습니다. 나는 지금 제게 닥친 새로운 변화에 잘 적응할 수 있게 해 달라고 기도합니다. 또 하느님께서 제게 마련하신 것들을 기쁘게 받아들일 수 있게 해 달라고 빕니다. 젊었을 때 저는 기도보다는 일이 더 중요했습니다. 지금은 기도하는 시간이 훨씬 더 많아졌습니다.

이제 제가 무엇인가 할 수 있는 시간이 얼마 남지 않았다는 걸 느낍니다. 한국 교회를 도와줄 수 있는 부분도 점점 줄어들고 있고요. 솔직히 이제 한국 교회는 외국 선교회의 도움 없이도 잘해 나가고 있어요. 제가 처음 한국으로 왔을 때는 교회를 세우고 구호품을 나누고 사람들을 학교에 보내고 빚을 갚을 수 있도록 도와주기도 하고 무엇이든 할 수 있는 일은 다했어요. 사람들 자활에 도움이 될까 해서 신용협동조합도 시작했었지요. 그러나 지금은 모든 게 잘 돌아가고 있어요. 예전처럼 그럴 필요가 없는 거죠.

그럼 이제 저는 어떻게 살아야 할까요? 교회를 위해서 무엇을 할 수 있을까 자문해 봐요. 제가 해야 할 일은 이제 사람들이 무엇을 말하든지 잘 들어주는 겁니다. 요즘 사람들은 잘 듣지 않는 것 같아요. 다른 사람을 위해서 내어줄 시간이 별로 없어서일까요? 저 역시 이제 다른 사람의 문제를 직접 해결해 줄 수는 없어요. 그건 불가능하죠. 그래도 적어도 존중하며 들어줄 수는 있습니다. 듣는 데에는 시간도, 노력도 많이 들어요. 저는 제 시간을 기꺼이 내드릴 수 있어요. 왜냐하면 정말 시간이 많거든요.

하지만 젊은 신부님은 좀 상황이 달라요. 더 적극적으로 많은 일을 할 수 있어요. 제 말은 젊은 신부님이 가만히 앉아서 모든 사람의 이야기를 세 시간씩 듣고 있을 수는 없다는 거예요. 젊은 시절에는 보다 많은 일을 할 수 있어요. 만약 사람들에게 관심이 있다면 가서 그분들의 영혼을 구하세요. 그게 바로 당신의 영혼도 동시에 구하는 길입니다. 모든 건 단순하지요. 길게 보면 하느님의 역사도 단순했어요. 자세히 들여다보아야 심오하지요.

요즘은 저 대신 북한에 갈 수 있는 사람을 찾느라 애쓰고 있습니다. 제가 지금까지 북한에 가는 유일한 이유는 아직까지는 한국 신부님이 갈 수 없기 때문입니다. 그게 제가 여태까지 북한 지원 사업에 발 벗고 나서는 이유입니다. 저는 제 역할을 다리라고 생각합니다. 그 다리 위에 박힌 돌멩이가 되어, 튼튼한 다리가 되어 왕의 길을 준비하는 것이죠. 그래서 저는, 그리고 저와 함께하는 선교사들은 방인 신부님들이 북한을 자유롭게 오고갈 때까지, 한국 교회가 스스로 그 역할을 할 수 있을 때까지 다리 역할을 충실하게 할 겁니다. 그것이 제가 이 일을 계속하고 있는 이유입니다.

인생은 슬픔과 기쁨의 혼합물이고, 우리의 북한 방문도 예외는 아닙니다. 북한에 가면 한반도의 분단이 한민족에 가져온 고통과 상심을 다시, 또 다시 느낄 수밖에 없습니다.

　북한을 방문할 때마다 화해와 통일을 위해 더 간절히 기도하게 됩니다. 우리의 북한 순례가 참가자들에게 영적 갱신과 일치의 정신을 이끌어내는 것처럼 우리의 미천한 노력이 더 건강하고 일치된 한반도에 기여할 수 있도록 하느님께서 허락하시길 간구합니다.

북쪽의 이정표
Milestones in the North (2005)

에필로그

들은 사람들의

이야기

에필로그 1

당신은 진보입니까, 보수입니까?

어떤 일은 그 당시에는 그 의미를 알 수 없다. 오직 복기하듯이 되짚어봐야 이 일이 어떻게 시작된 것인지 그게 우리 모두에게 어떤 의미였는지 짐작하게 된다.

"삶은 기차여행 같습니다. 우리가 이 기차에서 우연히 만나 함께 가게 된 승객들과 좋은 관계를 맺는다면 서로 사랑하고 도와준다면 그건 참 좋은 여행이 될 겁니다."

돌이켜보면 함 신부님 기차에 우리가 한 명씩 올라탄 것 같기도 하고 우리 각자의 여행에 그가 동행해 준 것 같기도 하다. 우리는 지난 일 년 동안 함께 여행했다. 좋은 여행이었다.

인연

이 일은 이렇게 시작되었다. 나는 몇 년 전부터 영국에서 살고 있다. 지난해 봄에 한국을 방문했을 때 우연히 가톨릭동북아평화연구소의 강 신부님을 만났다. 얼마 뒤에 신부님은 "샬롬회"라는 젊은 연구자 모임의 발표회에 한 번 와 보라고 초대장을 보내 줬다. 서울 중곡동에 있는 메리놀회 한국 지부에서 한다고 되어 있었다. 나는 그 장소를 안다.

어릴 적에 그 동네에서 십년 넘게 살았다. 우리가 "메리놀 교회"라고 불렀던 그곳은 붉은 벽돌 건물로 우리 동네에서 제일 번듯하고 고급스러웠다. 30여 년 전에 그곳을 떠난 뒤에는 한 번도 가 본 적이 없었다. 궁금했다. 그래서 가 보았다. 시간이 멈춘 듯한 그 골목에 그 건물은 그대로 있었다. 다만 그 견고한 벽돌 건물은 이제 무겁고 적막해 보였다.

발표회 시작에 앞서 메리놀회 노신부님 한 분이 인사말을 했다. 그러면서 거기 사는 선교사들은 이제 곧 그 집을 떠난다고 말했다. 괜히 슬픈 마음이 들었다. 그들이 떠나면 이곳은 더 이상 옛날 이름으로 불리지 않을 것이다. 쇠락이라는 말이 머릿속에서 맴돌았다.

그날 한 연구자가 제주 4·3 사건에 대해 발표하면서 "기억의 자살"이라는 말을 했다. 장소 탓이었을까, 나는 기억은 자살하기도 하지만 더 많은 경우에 소멸해 버린다고 생각했다. 남겨지지 않은 기억은 "자연사"한다. 발표가 끝나고 청중의 질문을 받을 때 나는 손을 들고 그 이야기를 했다. 그리고 부탁도 했다. 젊은 연구자들이, 기억이 자연사하기 전에, 그것을 기록하는 일에 관심을 가져 달라고. 예를 들면 한국에서 평생을 보낸 이 미국인 선교 사제들의 삶도 언젠가, 누군가가 기록으로 남겨 주면 좋겠다고 말했다.

그 '언젠가'는 생각보다 빨리 왔다. 일주일 쯤 뒤에 강 신부님께 전화를 받았다. 내게 메리놀회 함제도 신부님의 구술 생애사 프로젝트를 맡아 달라고 했다. '누군가'가 내가 될 줄은 몰랐다. 나는 곧 영국으로 돌아가야 했다. 그래서 팀이 필요했다. 같이 일할 수 있는 연구자 두 명만 있으면 그들이 인터뷰를 하고 내가 녹취록을 보면서 따라갈 수 있을 것 같았다. 팀은 반 나절 만에 꾸려졌다. 그렇게 김혜인, 고민정 이 두 성실한 젊은 연구자들을 만났다.

말하기의 힘 – 영적 여행

내가 함 신부님을 만난 것은 처음과 끝, 두 번이다. 사전 인터뷰를 하고 영국으로 돌아갔고 마지막 인터뷰를 할 때쯤 다시 한국에 왔다.

처음 만남에서 나는 함 신부님이 이 인터뷰에 대해서 두 갈래 감정을 가지고 있다고 생각했다. 한편에서 그는 자신의 삶과 경험을 길게 충분히 이야기하고 싶어 하는 것 같았다. 그가 메리놀회 사제관을 떠나면서 느끼는 좌절과 상실이 전해졌다. 그래서 더 이야기를 하고 싶었을지도 모른다. 그러나 다른 한편에서 망설이는 것 같았다. 이렇게 말하는 행위가 혹시 자기를 세상에 드러내는 자만이 될까 봐 경계하는 듯했다. 그래서인지 이분은 이 일이 자신을 위한 것이 아니라 여러분의 요청에 따른 것이라는 것을 자주 언급했다. "강 신부님이 하라고 하니까", "의정부교구에 도움이 된다면", "여러분이 궁금한 것을 물어보면", 대답해 주겠다고 했다. 그 두 갈래 마음을 다 이해할 수 있었다.

그로부터 석 달 뒤 다시 만났을 때 함 신부님은 이런 말을 했다. "여러분에게 제 이야기를 들려준 이 시간은 지나온 많은 것들을 생각하고 제 자리를 영적으로 새롭게 하는 기회가 되었어요. 모든 것들이 제 자리를 찾을 수 있는 기회를 준데 대해 여러분 모두에게 감사합니다. 이것은 저에게는 영적 여행 같았어요. 나는 지금 훨씬 평화로워졌습니다. 들어주셔서 고맙습니다."

구술에는 치유의 힘이 있다. 그는 이 일이 시작될 때만 해도 이 여행의 마지막이 이렇게 될지 몰랐을 것이다. 이 프로젝트가 끝나고 얼마 뒤에 함 신부님은 메리놀회 사제관에서 이사했다. 그는 한결 평안한 마음으로 그 집을 떠났을 거다. 그가 이 영적 여행 끝에 찾은 자기 "자리"가 어디인지는 짐작할 수 있다. 60년 전에 "선교사"로 그 집에 왔듯이 지금은 "선교사"이기 때문에 그 집을 떠났을 거다.

듣기의 힘 – 다른 렌즈

개신교 전통이 강한 우리 집에서 내가 가톨릭이 된 것은 정의 구현사제단 때문이었다. 나는 1988년에 가톨릭 세례를 받았다. 대학교 3학년이었다. 학생 운동을 열심히 한 것은 아니지만 그렇다고 그 바깥에 있지도 않았다. 학생들은 아무리 '투사'라고 불리어도 20대 초반 청년들이었다. 민주주의를 위해 싸운다지만, 자주 무서웠다. 그때 그 신부님들은 우리 곁에 있어 주었다. 그게 눈물나게 고마웠다. 1989년 문규현 신부님이 임수경 수산나를 데리러 방북했을 때는 내가 가톨릭이라는 게 자랑스러웠다. 그녀가 북한에 있었던 내내 나는 그녀가 돌아올 길을 걱정했었다. 내 또래인 그녀가 느꼈을 두려움을 상상했다. 그런데 사제가 그 손을 잡고 군사분계선을 같이 넘어주었다. 그런 장면들이 내가 소중히 여기는 가톨릭 사제의 이미지였다.

젊은 날의 경험은 실로 피부에 깊이 각인되는 모양이다. 정치의 시대를 건너왔기 때문인지 나는 함 신부님의 생애사를 일련의 정치적인 사건을 따라서 들으려고 했다. 이런 게 궁금했다. 1960년 이후 한국 현대사의 주요 장면, 이를테면 5·16 군사 쿠데타, 유신 체제, 새마을 운동, 광주민주화운동, 1980년대 민주 항쟁, 통일 운동 같은 일을 이 외국인 선교사는 어떻게 경험했을까? 그는 이러한 굵직한 사건을 "외부자"의 시선으로 봤을 텐데 그의 시각이 궁금했다. 그리고 솔직히 그가 '진보'와 '보수' 어느 편에 서 있었는지도 알고 싶었다. 함 신부님에 대한 사전 지식이 없었기 때문에 나는 그가 어느 편인지 몰랐다.

구술 작업이 시작되었다. 애초에 기대했던 이야기, 즉 격동의 한국 정치사에 대한 그의 경험은 상세하지 않았다. 그가 경험한 5·16 군사쿠데타는 2주 동안 미사가 중단된 것 정도였고 유신의 폭압은 경찰서에 잡혀간 청주교구 신부님을 각서를 쓰고 데리고 온 것, 주보를 검열 받아야 했던 이야기로 짐작해야 했다. 80년대 민주화 운동과 관련된 이야기는 없었다. 북한에 대한 이야기는 조심스러웠다. 처음에 가졌던 질문에 대해 충분한 답을 듣지 못했다.

함 신부님의 정치적 입장은 금방 알게 되었다. 그는 내 기준으로는 보수적인 사제였다. 독재 정권에 맞서 싸웠던 다른 일부 사제들과는 달리 그는 별다른 정치적인 행동을 하지 않았다. 오히려 사제의 정치 참여에 대해 우려하였다.

　내가 듣고 싶은 이야기를 듣지 못했다고 해서 그가 진보적인 사제가 아니라서 실망한 것은 아니다. 사실은 그 반대이다. 그는 결이 다른 이야기를 했고 그 이야기를 듣는 것은 내가 이미 가지고 있었던 렌즈와는 다른 렌즈를 통해 세상을 보는 경험이었다. 그것은 새롭고 흥미로웠다. 그리고 나는 지금까지 내가 가지고 있었던 이분법적 사고가 얼마나 자의적인 것이었는지 얼마나 다양한 생각과 마음을 좁은 틀 안에 가두고 판단해 버렸는지에 대해 돌아보게 되었다.

이야기의 힘 – 열린 결말

이 책에는 여러 가지 에피소드들이 들어 있다. 읽는 사람에 따라서 마음에 꽂히는 이야기가 다를 것이다. 보통은 자기 삶의 어떤 부분과 닿아있을 때 이야기가 깊숙이 말을 건다.

　내 경우에는 우선 신부님의 할머니와 어머니 이야기가 그랬다. 자꾸 돌아가신 시어머니가 생각났다. 우리 시어머니는 아일랜드 시골 마을에서 태어나 열여섯 살에 혼자 영국 런던으로 이주해 온 씩씩한 분이다. 신부님 이야기에서 아일랜드 사람에 대한 차별, 할머니의 독실한 신앙, 어머니의 기도, 그리고 마지막 어머니의 장례식 장면이 자꾸만 시어머니의 삶과 겹쳐졌다. 관을 삼 층으로 놓을 수 있도록 땅을 파면 얼마나 아득한 깊이가 되는지 나도 안다. 그 깊은 땅 속에 천천히 관이 내려가는데 공군사관학교 졸업생들이 "보리밭"을 불러주는 장면을 상상하면 아름답다. 4월이니 그 장례식에도 녹음이 싱그러웠겠다. 신부님은 그 일을 이렇게 말했다. "내게는 놀랍게 아름다운 일들이 많이 일어났어요. 거기에는 늘 한국 사람들이 있었어요. 그것을 언제나 기억합니다."

또 다른 장면은 1960년에 그가 처음 한국 땅을 밟았을 때의 소감이다. "부산에 내렸는데, 언덕마다 하꼬방들이 꽉 차 있었어요. …… 그렇게 많은 피란민들은 처음 봤지요. …… 청주교구에서 일하는 사람들은 거의 다 북한이 고향인 피란민들이었어요. …… 메리놀 신부님들도 원래 북한에 있었던 북한 신부님과 남한으로 온 남한 신부님들이 같이 재미있게 지냈지요." 나는 우리 아버지를 생각했다. 아버지도 북한 피란민이었다. 부모 없이 피란 와서 온갖 고생을 다했다. 그래서 가난한 피란민 얘기가 남일 같지 않았다. 고아원에 있는 아이들이 세 명이나 자살했다는 말도 마음이 아팠다.

그래도 나는 신부님이 북한에서 활동했던 메리놀 신부를 "북한 신부"라고 부르는 것이 괜히 좋았다. 미국인 신부를 "북한 신부"라고 부를 때 북한은 출신이나 국가가 아니라 그저 애정을 가지고 머물렀던 선교지를 나타내는 것 같은 기분이 들어서 그렇다. 북한이라는 말에 붙어 있는 낙인이 떨어지면서 가벼워지는 느낌이랄까. 나는 북한 사람이었던 우리 아버지가 그립다. 파 주교님처럼 우리 아버지도 거기 남겨 두고 온 사람들을 평생 그리워했지만 결국 다시 가 보지 못했다.

신부님이 북한에서 겪은 소소한 일들은 모두 흥미로웠다. 그 장면에 들어가서 "나라면 어떻게 했을까?" 하는 질문을 자주 해 봤다. 나는 한국에 있을 때 탈북민을 지원하는 일을 한동안 했었다. 그때를 돌이켜 보았다. 나도 혹시 "나의 영광"을 위해서 일한 것은 아니었을까? "그가 필요한 것"을 돕는 것이 아니라, "내가 원하는 일", 혹은 "그에게 필요할 거라고 내가 생각한 일"을 한 것은 아닌지 자문했다, 아무래도 그랬던 것 같다. 나는 연구자인 내가 그들의 필요를 더 잘 안다고 자만했고 듣기보다는 가르치려는 조급함이 있었다. 그러다가 그들이 "우리 식대로" 하겠다는 듯이 말하면 상처받고 배신감까지 느꼈다. 잘사는 국가의 사람이(예를 들어 미국인 선교사가) 나를 그렇게 대하면 "제국주의"라고 비판했을 행동을, 나는 북한 사람들에게 별 생각 없이 했다. 변명하자면 나쁜 뜻이 있어서가 아니라 잘 몰랐기 때문이다. 혹시라도 앞으로 비슷한 일을 하면 함 신부님의 이 말을 기억하는 것이 도움이 될 것 같다. "우리는 우리가 알고 있는 모든 것을 다 북한에 그대로 적용할 수 없어요. 남한에서 아름다운 것을 그대로 북한에 이식해서 북한에서 그대로 자라기를 기대할 수는 없지요. 그건 내가 미국에서 좋았던 것을 그대로 남한 교회에 이식할 수 없는 것과 마찬가지에요. 내가 있는 곳은 한국 교회이지 미국 교회가 아니지요."

그 외에도 신부님이 들려준 말 중에 내게 말을 건 이야기는 아주 많다. 그것들은 다 사소한 에피소드일 뿐인데 이야기는 묘한 힘이 있어서 듣는 사람의 마음에까지 도달한다. 나는 각자의 마음에 닿은 이야기가 거기서부터 또 다른 이야기를 만들어 낸다고 믿는다. 그리고 그다음부터 그것은 나의 이야기가 된다. 그렇게 보면 신부님이 해 준 모든 이야기는 오픈 엔딩인 셈이다. 그걸 이어받아서 쓰는 각자의 삶이 그 스토리를 완성하기를 기다리며, 열려 있다.

얼마 전에 함 신부님께 물었다. 이젠 친해져서 이런 질문도 가볍게 할 수 있다. 세월호 노란 리본을 달고 있는 신부님 사진을 본 것이 생각나 직접 확인해 보고 싶었다.

"그런데 신부님은 진보입니까, 보수입니까?"
"나는 가톨릭이에요."

그의 이야기를 이어받아 쓰는 나의 이야기는 어쩐지 여기서부터 다시 시작될 것 같다.

이향규

에필로그 2

미국인 선교사 할아버지의 마음을
가늠해 보다

서너 해 전 북한학과에 들어와서 종교별 대북 사업에 대해 알아보다 한 기사에서 "함제도"라는 이름을 처음 보았다. 평양에 머무르려고 하는 미국인 신부님 이야기였다. 북한에서는 미사를 드릴 수 없다고만 생각했는데 이런 방법도 있구나 싶어서 반가웠다. 한국에 오래 계셨다고 하니 한국에 계시는 게 편할 법도 한데 여러 위험을 무릅쓰고 북한에 가고 싶어 한다는 데서 에너지가 느껴졌다.

 유진벨 재단의 다제내성 결핵 지원 사업에서 신부님의 이름을 다시 봤을 때에는 멋지다고 생각했다. 개신교 배경의 단체와 아픈 이들을 돕기 위해 협력하신다는 사실이 마음을 따뜻하게 했다. 그렇게 함 신부님은 내 머릿속에서 대북 인도적 지원 최전선에서 활약하는 히어로의 이미지로 남았다.

 그때부터 일 년쯤 지나서 운 좋게도 함제도 신부님을 직접 만날 기회가 생겼다. 미국 군종 교구장님의 연대 방문 자리에 함 신부님이 계셨던 것이다. 글로 사진으로 알던 분을 뵈어서 반가웠다. 이곳은 한국이니까 한국말로 하겠다며 말씀하시는 모습이 인상적이었다.

한국어를 쓴 것뿐 아니라 신부님의 말과 행동에서 반년 전 미국 싱크탱크에서 있으면서 만났던 사람들이 내게 준 인상과는 다른 게 느껴졌다. 본인이 아는 한국에 대해 늘어놓고 한국 사람들은 왜 그런지에 대해 본인이 납득할 수 있을 법한 설명만을 요구했던 그 미국 사람들 말이다. 친한 친구들에겐 종종 "미국인들이란!" 하고 웃으며 되받아 주었지만 그렇게 말할 수 있는 기회조차도 마땅치 않은 경우가 많았다. 나도 다양한 편견을 가지고 있으니 이해하고 애써 넘겼지만 불편하고 혼란스러운 감정은 계속 남았다. 미국인들이 천차만별이듯 한국인도 당신들이 이미 가지고 있는 고정관념과 편견에 맞지 않는 부분이 많다고 친절하게 설명해 주어야 했을까? 북한도 이천오백만이 살고 있는 나라니 우리가 모르는 부분이 많을 거라는 이야기를 하면 마음이 더 편했을까?

함 신부님 구술사 프로젝트에 함께할 생각이 있냐는 이야기를 들었을 때 나는 석사 논문을 쓰는 학기였는데도 곧바로 꼭 하고 싶다고 대답했다. 지금 와서 드는 생각이지만 덜컥 그렇게 욕심을 부렸던 건 함 신부님이 준 느낌과 내 불편한 마음에 대한 답을 찾을 수 있을 것 같은 기대 때문이 아니었을까 싶다. 함 신부님처럼 존경받는 분에 대해 교회사에 대해서 아는 게 없는 내가 충분한 준비 없이 인터뷰를 하는 게 실례가 되지 않을까 부끄럽고 두려운 마음을 외면할 수 있을 만큼 말이다.

그렇게 함 신부님 인터뷰를 위해 준비하면서 관련된 글들을 찬찬히 읽다 보니 많은 질문이 떠올랐다. 선교라는 확실한 목표가 있다 해도 어떻게 1960년에 한국에 온 스물여섯 살의 미국인 청년의 마음이 한국에 이렇게 깊이 뿌리내릴 수 있었을까? 새로운 곳으로 왔을 때 이동(displacement)의 경험이 주는 두려움과 외로움을 어떻게 견뎠을까? "못 사는 사람들", "한국 사람들"은 원래 이래, "이 사람들이 내 의도를, 교회를 진정으로 이해하지 못하기 때문이야."와 같은 편견과 자기 합리화에서 어떻게 거리를 둘 수 있었을까? 북한에 적극적으로 방문하고 다른 사람들에게 아픈 이들을 위해 힘써야 한다고 강하게 이야기하는 데에는 어떤 배경이 있었을까?

인터뷰가 진행된 8주 동안 함 신부님은 혜인이와 나를 늘 반갑게 맞아 주었고 신부님의 삶에 대해 하나하나 이야기해 주었다. 인터뷰의 질문을 준비하고 또 돌아보면서 나는 함 신부님의 87년 삶을 알기에 너무 모자란 존재인 것 같다는 생각과 싸워야 했다. 그러는 동안 내 질문들은 차근차근 답을 찾아갔다.

차별로부터 울타리가 되어 주었던 교회

제일 먼저 답을 얻었다고 생각했는데 아직도 이해하고 있는 중인 질문은 "신부님께 교회가 어떤 의미였을까?"이다. 함 신부님은 당신이 아일랜드 출신 이민자 가정에서 자랐다는 이야기를 여러 번 했다. 미국 역사에 대해 배운 적이 있어서 그 이미지는 어렵지 않게 떠올릴 수 있었다. 페인트를 칠한 나무 집, 대량 생산된 투박한 물건들, 출신 지역별로 구별된 생활공간 같은 것 말이다. 하지만 가톨릭교회가 단순히 아일랜드 이민자들의 종교일 뿐 아니라 돌봄과 교육을 제공해 주는 공동체였다는 점은 겨울에 다시 인터뷰를 곱씹으면서 알게 되었다. 할머니와 매일 성당에 갔던 기억, 주일에 먹었던 고기 요리, 수녀님들께 들었던 중국 이야기, 신부님의 친척이 개신교 신자가 되어 배척을 받은 것까지. 신부님이 들려준 이야기에서 교회는 이민자들이 살아가는 복잡한 삶의 모습 전반에 들어 있었다. 교회는 삶의 준거가 되는 기둥일 뿐만 아니라 이민자들을 보듬는 안전한 울타리 같았다. 그러면 신부님이 생각하는 선교도 누구를 바꾸는 게 아니라 하나의 안전망을 만들어 주는 것이 아니었을까? 함께해야 한다는 신부님의 이야기가 새삼 다른 울림으로 다가왔다.

메리놀에서 교육받으며 만난 미국의 소외된 사람들

두 번째로 얻은 답은 내가 씨름하던 고민에 관련된 것이기도 했다. 도움이 필요한 사람들을 만나면 특히 더 못사는 나라 또는 사람들 사이에 가면 그들을 일반화, 타자화하고 시혜적인 태도를 취하기 쉽다. 함 신부님은 어떻게 그것을 절제하고 그 사람들에게 집중할 수 있었을까? 의문은 메리놀 교육 과정에 대해 들으면서 해결됐다. 사창가 옆 건물에서 잠을 자면서 이주노동자들을 위해 일하고, 흑인에 대한 차별을 내 친구, 이웃의 일로서 경험하고, 아픈 사람들을 병원에서 돌보고, 이들을 만나기 위해 신학생 동기들과 자동차로 미국을 몇 번이고 횡단했다는 이야기 말이다. 미국이라는 잘사는 나라 안에 있는 수많은 고통받는 사람들과 진심으로 함께하려 했던 그 경험이 도움이 필요한 사람들을 불쌍히 여기는 마음(compassion)을 마음 깊이 자리 잡게 했을지도 모르겠다 싶었다. 얼굴, 언어, 문화도 다른 한국 사람들을 대할 때도 미국에서 보았던 사람들의 얼굴이 떠올랐을 것 같았다. "사람 도와주는 것 쉬운 일 아니에요."라고 운을 떼고, 존엄과 존중에 대해 끊임없이 이야기하시고, 내게도 존댓말을 쓰시는 것이 그 마음에서 온 것 같아 든든했다.

한국에서 지내면서 누린 호사와 고통

세 번째는 이 글을 쓰면서 갑자기 다가와 머리를 때리며 얻은 답이다. 함 신부님은 개인적으로 외로웠고, 교회가 어려웠고, 충북 괴산이 세상의 끝(The end of the world) 같았다고 하면서도 늘 "기쁘게 살았다", "다른 사람들과 잘 살았다"고 했다. "에이, 신부님 무슨 말씀이세요."라고 하면서 지나갔었는데 다시 녹취록을 읽다 보니 왜 그렇게 말씀하셨는지 알 것 같았다. 신부님이 한국에서 처음 본 것은 부산의 하꼬방과 부두에서 만난 도움이 필요한 사람들이었는데 신부님은 월미도에 도착하자마자 미군의 도움을 받아 메리놀 본부로 이동했다. 신부님 자신도 미국에서 이역만리 떨어져 연락도 자주 주고받을 수 없지만, 한국에서 함께한 사람들 중에 많은 이들도 분단 때문에 소식조차 전할 기약이 없는 이들이었다. 그래도 신부님은 미군 기지에서 미국 물품들을 사고, 대한극장에서 영화를 보고, 미국에서 온 평화봉사단과 맥주를 한 잔 나누는 시간이 있었다. 본당에서는 허드렛일이라도 할라 치면 달려오는 신자들과 함께하고, 메리놀회에서 지속적으로 돈을 받았고, 사람들에게 나누어 줄 수 있는 구호품이 있었다. 이런 모습이 신부님이 어릴 적 꿈꾸었던 베나드 신부님의 삶과는 달라 보였다. 함 신부님이 상담사에게 꺼낸 "안락함"이 주는 고통은 이런 거였을까 싶었다.

북한 사람들에 대한 마음

네 번째 의문은 관련된 일을 하는 분들을 만날 때마다 드는 생각인데 "어떻게 북한에 대해 애착을 가지게 되었을까?" 하는 것이었다. 미국처럼 북한과는 단절된 사회에서 자란 분이 왜 "같은 민족인데 기도하지 않냐"고 안타까워하는 마음을 갖게 된 걸까? 결핵 지원 사업을 하시면서 만난 이들에 대한 마음만으로는 충분히 설명이 되는 것 같지 않았다. 그 실마리는 신부님의 선배였던 파르디 주교님에 대한 이야기에서 찾았다. 신부님은 파 주교님에 대한 말씀을 아끼셨는데 어쩌다 말씀하실 때는 파 주교님이 북한을 그리워하셨다고 이야기하셨다. 함 신부님도 그 마음에 깊이 공감했기 때문에 그리움이 묻어나온 게 아닐까? 당시 만난 "열심한 신자들"의 이야기에서도 신부님이 실향민의 아픔에 공감했던 마음이 담겨 있었다. 신부님의 두 번째 가족인 메리놀 선배들의 고통과 그리움을 바로 옆에서 보고, 세 번째 가족인 실향민들의 삶을 함께 한 것이다. 신부님께는 더 자주 이북의 땅을 밟고, 그곳 사람들과 이야기를 나누고, 도움이 필요한 사람들을 돕는 것이 신부님의 마음속에 자리한 그분들의 고통을 덜어드리는 길이 아니었을까 싶었다.

드라마 "사랑의 불시착"에서 주인공들이 군사 분계선에서 기약 없이 헤어지는 장면이 있다. 어떤 사람이 그 장면을 보고 이산가족이 느끼는 그리움은 세월이 지나면 옅어질 것이라고 생각했는데 그게 아니라 점점 더 깊어지는 것이라는 걸 알았다고 했다. 가족이 그리운 것은 당연한 일인데 왜 처음에는 그렇게 생각하지 못했을까 생각해 보니 머리로는 알던 것을 이야기를 통해 깊이 공감해서 그렇게 느낀 것은 아닐까 싶었다.

함 신부님과의 인터뷰도 그런 것이었다. 신부님의 삶에는 내가 글로 읽고 사진과 영상으로 보았던 사람들 이야기가 들어 있었다. 미국의 대공황과 제2차 세계대전 시기를 지낸 아일랜드계 이민자들, 동부 출신의 메리놀 신학교 사람들, 북한에 돌아가지 못하는 외국인 선교사들, 60년대에서 80년대 한국의 실향민들, 가톨릭 신자들, 신부님들, 주한미군, 90년대 북한의 노동당원들과 환자들, 북한 문제를 두고 갈등하는 남한 사람들 등등. 90년대에 태어나서 미국 문화와 인터넷 세상에 익숙한 나에게, 신부님과 이야기하는 시간은 머릿속에 있던 이야기들을 마음 깊이 가져가는 과정이었다.

쏟아지는 생각할 거리에 함 신부님이라는 렌즈와 그 렌즈에 비친 것을 조금이라도 더 이해하고 싶어서 자료를 여러 번 읽고, 인터뷰를 다시 듣고, 인터뷰를 계획했다. 마음속 퍼즐이 맞춰져 더 많은 이야기들을 그릴 수 있게 될 때면 행복했고, 그 시대 (그리고 지금까지도) 만연해 있는 아픔에 대해 공감이 될 때면 마음이 무거워졌다. 그리고 후기 글을 쓰는 지금 내가 가늠해 본 함 신부님의 마음이 무엇인지 조금 알 것 같다. 불안하고 외롭고 좌절하면서도 매일같이 아침에 일어나면서 "한국 사람의 마음이 되게 해 달라"고 기도하신 마음 말이다. 내가 고민했던 다름에 대한 답이 된 그 마음이 참 애틋하게 다가와서, 떠올릴 때마다 나의 마음도 따뜻해졌다. "낯선 사람들에게 솔직하게, 끊임없이 다가가고, 부족함을 인정한다."는 어렵지 않게 찾을 수 있는 답이 실천하기 어렵다는 건 알았지만, 내가 그것을 이해하기 어려운 사람인 줄은 몰랐다. 수많은 의문과 대화 끝에야 답이 될 수 있다는 것을 알았으니 말이다.

그런 점에서 이야기와 자료를 아낌없이 드러내 보여 주신 내 마음속 히어로 함제도 신부님께 마음 깊이 감사하다. 함 신부님을 인터뷰할 수 있는 기회를 더 나은 통찰과 배움을 위해 쓰실 수 있는 분들이 많다는 것을 알고 있다. 그분들을 제치고 나서서 일천한 지식과 경험으로 개인적 의문을 채운 점, 너그러이 봐 주셨으면 좋겠다.

내 욕심으로 미국인 선교사 할아버지와의 대화에서 얻은 평안이 다른 이들의 마음에도 약간의 따뜻함을 남길 수 있으면 좋겠다는 욕심을 또 부려본다.

고민정

에필로그 3

선교사의 발자취에
손을 얹어 보았다

2019년 여름, 프로젝트의 준비와 시작

학교에서 배운 지식과 신앙의 길의 접점을 고민하며 "가톨릭 신앙이 녹아 있는 글쓰기란 가능한가?"를 스스로 질문하던 시기가 있었다. 가톨릭 신앙인들의 여러 기고문과 학문적 성찰이 담긴 논문들을 읽는 작업들을 하던 중 여느 때와 다름없이 연구실 책상에 앉아 주모경을 바치고 논문을 읽기 시작했다. "공산주의와 선교사"를 주제로 한 박사 학위 논문이었다. 논문의 페이지를 넘기며 집중하던 찰나 갑자기 휴대전화의 벨소리가 울렸다. 그 논문을 쓴 강 신부님이었다. 어디선가 지켜보다가 "잡았다 요놈" 이렇게 걸려온 전화 같았다. 신부님이 물었다.

"인도적 지원을 위해 북한을 오고가는 신부님이 계신데 구술사 작업을 같이해 보지 않을래?"

한반도의 절반이면서도 대한민국을 상대로 유독 폐쇄적인 나라인 북한. 신부님의 제안에 북한 연구자이자 신앙인으로 너무나 이질적인 두 가치를 하나의 그릇에 담아야 한다는 부담감이 밀려와서 심장이 쿵 내려앉는 듯했다.

전화를 받기 일주일 전쯤에 중곡동에 있는 메리놀회 건물에서 심포지엄이 있었고 나는 발표자로 참가했다. 질의응답 도중 누군가 "자연사"되는 기억을 위해 구술사 연구를 해야 한다면 하고 싶은지 물었고 나는 하고 싶다고 답했다. 신부님은 그때를 기억하고 나에게 전화하신 것 같았다.

"동북아에서 새로운 평화를 꿈꾸다"라는 제목으로 열린 그날 심포지엄은 박사 과정의 학생에게는 귀한 발표 기회였고 잘하고 싶은 마음에 잔뜩 긴장한 상태였다. 행사의 시작을 알리며 여든이 넘어 보이는 메리놀회 신부님이 마이크를 잡고 재미있는 농담으로 사람들에게 환영인사를 하던 순간에도 나는 잘하고 싶은 욕심이 앞서 발표문에 얼굴을 묻은 채 굳어 있었다.

한 사람이 내게 질문해 주었고 나는 응했다. 그렇게 만난 우리는 또 다른 한 사람을 만나 수많은 질문을 했다. 우리의 질문에 그는 일생 전부를 보여 주었고 그렇게 우리는 60년의 세월을 넘어 친구가 되었다.

구술사 인터뷰를 하면서 함제도 신부님을 만나 보니 이전에 두세 번 정도 만났던 인연이 있었다. 그때는 정신없이 학술회 일을 돕는 중이라 그냥 지나가는 인연이라고 생각했던 것인지 가벼운 인사만 나눈 채 다시 나의 일을 하기 바빴다. 이후 인터뷰를 하며 신부님과 대화를 나누다 보니 그때 나눴던 짧은 인사가 아쉬울 정도로 따뜻하고 재미있는 분이었다.

2019년 가을, 친구를 만나러 가는 길

인생은 희로애락의 롤러코스터에 비유되기도 하는데 함 신부님의 인터뷰도 비슷했다. 기억의 책장에서 꺼낸 즐거웠던 이야기에 함께 웃기도 했으며 때로는 긴 침묵이 이어지기도 했다. 달이 차오르고 지는 것처럼 신부님의 반짝이는 눈빛에서 지난 시간들에 대한 기쁨과 아쉬움이 겹쳐 보였다.

  우리에게는 생애 구술사 인터뷰도 중요했지만 그것만큼 중요했던 것이 다음주 만날 땐 무슨 간식을 먹을지 고민하는 것이었다. 떡을 너무 좋아해서 별명이 "떡보"라는 함 신부님을 위해 떡을 사 가서 함께 먹은 날도 있었다. 함 신부님은 항상 과자, 초콜릿, 음료수, 바나나, 사과, 샌드위치 같은 맛있는 것들을 꺼내 주었다. 할아버지 댁에 가면 가득 차 있었던 과자 상자처럼 함 신부님은 청년들의 방문에 맛있는 것을 잔뜩 준비해 두었다. 그렇게 우리는 다음번 만남까지 일주일의 시간 동안 서로를 위한 준비를 하고 있었다.

선선한 가을바람이 불던 날 함 신부님은 대문을 열고 우리를 기다리고 있었는데 그 순간 나는 그 집에 들어가는 것이 익숙하다는 느낌을 받았다. 더 이상 중곡동 메리놀 건물이 긴장과 부담에 표정이 굳어지던 곳이 아닌 포근한 공간이 되어 있었다. 그곳에 가면 달달한 맛있는 것들이 잔뜩 있었고 이야기보따리를 풀어 주는 할아버지가 있었다.

이야기를 나누다 보면 80대 노인은 어느새 20대 청년이 되어 있었다. 특히 한국에서 젊은 시절의 일을 회상할 때나 앞으로 하고 싶은 일들을 이야기할 땐 열성적으로 설명했다. 그렇지만 어느 순간 그는 다시 80대의 노인으로 돌아와 있었다. 아직 온 힘을 다해 하고 싶은 일이 많지만 몸은 마음을 따라오기 힘들었고 함께하던 이들도 점점 떠나가고 있었다. 앞으로 하고 싶지만 할 수 없게 된 것들을 이야기 할 때면 유독 얼굴이 어두워졌다. 북한에 있는 아픈 환자들을 떠올릴 때면 더욱이 심란한 표정을 보였고 이야기를 듣는 우리의 마음을 무겁게 만들어 미안하다고 이야기했다.

그렇지만 무거운 분위기에서도 함 신부님은 재치 있는 농담을 해 주었고 우리는 그때마다 배꼽을 잡고 웃었다. 웃음이 많은 분이었고 그것을 통해 사람들의 마음에 하느님을 알려주는 분이었다. 신부님은 한국에 온 첫해에 모든 것이 낯설고 가족이 보고 싶은 마음에 적응하기 힘들었는데 그때 선배 신부님과 함께 방문한 본당에서 외국인을 보고 신기해 다가온 아이들과 장난치고 웃으면서 다시 고향으로 돌아가고 싶은 마음을 다잡았다고 한다. 이분에게 농담과 웃음은 뺄 수 없는 부분이었고 이를 통해 사람들을 위로하고 본인 역시 위로받았을 것 같다는 생각을 해 본다.

신자들의 집에 가정방문을 했을 땐 이불 속에 있던 따뜻한 밥과 그 시절 귀했던 김을 먹었던 기억, 그리고 달걀을 지푸라기에 엮어 팔던 옛날을 추억하는 이야기를 들으면 할아버지에게 들던 옛날이야기와 비슷해서인지 이분이 외국 사람이라는 것을 알아채기 힘들었다. 신자들과 함께 둘러앉아 드라마 "여로"를 보고 미사를 드리기도 했고 정월대보름에 달집을 태우듯 신년 자정 미사에 신자들과 함께 소원을 적어 태우기도 했다.

함 신부님은 한국에 스며들기 위해 많은 노력을 했는데 신부님이 이런 마음을 가질 수 있었던 것은 좋은 부모님과 동료 그리고 한국에서의 인연들이 있었기에 가능했던 것 같다. 신부님 역시 무언가를 고집하기보다 상황에 맞게 행동했을 때 사람들의 마음을 얻고 앞으로 함께할 수 있으며 깊은 신앙심을 만들어 줄 수 있다는 것을 알고 있었다. 여든의 함 신부님은 이제 정말 한국 사람이 되어 있었다.

그러나 함께 한국에 도착해서 미래를 꿈꾸던 많은 사람들이 먼저 하느님 곁으로 떠났고 또 보내 주기 위한 준비를 하고 있다는 이야기를 들었을 때는 마음이 무거웠다. 젊은 날에 얼마나 많은 일들을 함께 구상하고 실천하고자 했던 사람들일까? 이제는 꿈을 꾸기보다 많은 것을 비우고 보내 줘야 하는 신부님의 마음이 어떨지 나는 대화를 나누다가도 여러 번 생각에 잠기곤 했다.

신부님이 북한에 갔을 때 아름다운 경치를 보며 언젠가 여기 교회가 만들어지면 참 좋겠다고 기도했던 것이 내 마음 한편에 오래 머물러 있다. 먼 훗날 북한에 가게 되면 나도 그곳에 찾아가 기도드리고 싶다. 그분이 꿈꾸던 많은 것들이 이뤄지지 못했지만 다른 많은 사람들이 기억하고 이루기 위해 노력하고 있다고 기도를 통해 알려드리고 싶다.

2019년 겨울, 책을 만들기 위한 작업

인터뷰를 준비하고 마무리하는 과정은 쉽지 않았다. 음성 녹음과 영상 녹화를 동시에 진행했기 때문에 음성을 듣거나 영상을 보면서 녹취록을 만들었고 그 녹취록을 바탕으로 내용을 정리한 뒤 다음번 인터뷰를 위한 질문을 준비했다.

함께 작업한 민정이와 나는 매번 인터뷰를 마친 뒤 근처 카페에서 음성 파일과 영상 파일을 노트북과 외장하드에 옮기고 당일 인터뷰에 대한 면담 일지를 작성하였다. 인터뷰를 진행할 때 우리는 어떤 기분이었고 함 신부님의 컨디션은 어때 보였는지 어떤 주제의 대화에 흥미를 보였는지 혹은 언급하고 싶어 하지 않는 부분까지 사소한 것에서부터 다음번에 물어보고 싶은 질문까지 상세하게 기록했다. 이 과정이 우리가 전체 인터뷰를 진행하는데 기둥 역할을 했다고 생각한다.

본 인터뷰는 총 8회로 예정되어 있었고 함 신부님에게 물어볼 질문을 연대순으로 8등분했다. 사전 인터뷰까지 합하면 총 9회의 인터뷰의 음성 파일과 영상 파일을 만들고 녹취록을 작성하는 것에 더해 함 신부님이 주신 사진과 문서, 팸플릿 등 스캔한 사진 자료를 정리하는 작업이 동시에 이뤄졌다. 외장하드를 두 개나 구매했지만 자료가 안개처럼 사라질 것 같은 불안감에 저장할 수 있는 곳곳에 파일을 복사해 두고는 했다.

인터뷰가 끝나고 얼마 뒤 인터뷰를 바탕으로 책을 준비하기로 했고 책을 준비해야 한다는 막막함과 어떤 글을 써야 할지 고민에 빠져 있을 때 준비에서부터 마무리까지 작업을 함께했던 민정이가 내게 함제도 신부님을 사랑하는 마음으로 글을 시작해 보자고 이야기했다. 2019년을 바쁘게 보내게 한 고된 작업이었지만 어느 순간 우리 사이에는 사랑이라는 단어가 생겨났다. 함께 프로젝트를 위해 애썼던 모두와 마음을 나누고 서로를 알아가는 과정에 사랑이라는 단어가 언제나 함께 있었다.

2020년 봄, 함 신부님의 새로운 집

어느 정도 완성된 책의 초고를 들고 중곡동에서 신길동으로 이사한 신부님을 다시 만났다. 여전히 유쾌한 웃음으로 우릴 반겨 주는 신부님은 자신이 머물고 있는 곳을 소개해 주며 편안히 지내기 아주 좋은 곳이라고 이야기했다. 신부님은 정말 편안해 보였지만 동시에 많은 것을 비우고 있는 것 같아 슬픈 마음도 들었다. 이제 자신이 하고 싶은 일보다 앞으로 세상을 살아갈 젊은이들이 어떤 일을 했으면 하는지, 무슨 마음가짐으로 세상을 살아갔으면 하는지 이야기하셨다.

"역사란 과거와 현재의 끊임없는 대화"라 말했던 E. H. 카의 말처럼 한국 가톨릭의 역사 또한 마찬가지일 것이다. 많은 서적에 기록된 가톨릭의 역사는 연표와 사건으로 나눠진 숲이라면, 함 신부님의 인생이 담긴 이 책은 굵직한 사건 아래 시시콜콜하고 아주 개인적인 일들이 얽혀 있는 한 가톨릭인의 개인사, 즉 나무일 것이다. 나무가 모여 숲을 이루듯 신앙의 불모지였던 이 땅에 뿌리내리고 비바람과 뙤약볕을 견뎌 낸 함 신부님을 비롯한 모든 신앙의 선배들에게 존경의 마음을 전하고 싶다.

함 신부님이 강조한 것은 "관심"이었다. 타인에 대한 관심, 사회에 대한 관심 말이다. 아프고 힘든 사람들을 위해 관심과 사랑을 가져 달라고 당부하셨다. 이 책을 읽는 모든 독자들에게 함 신부님의 이 메시지가 가 닿으면 좋겠다.

함제도 신부님의 이야기는 이 책에서 끝나지만 우리의 이야기는 2권으로 이어져야 한다. 사회와 신앙의 울타리에서 밀려날 수 있는 이들에게 관심을 가져야 하며 그들의 고통을 이해하고 나눠야 한다. 그것이 함 신부님이 걸어왔던 길이고 신앙의 길이었다고 생각한다.

김혜인

에필로그 4

당신은
어떤 종류의 선교사입니까?

십여 년 전쯤 미국 천주교회에서 선교사로 살았던 경험이 있다. 의정부교구 소속 신부로 해외 선교로 파견돼 미국 중서부 미네소타 주의 교구에서 지냈다. 당시 그곳에는 사제가 부족했던 것으로 기억한다. 사제 총회에 모인 400여 명의 신부를 보니까 절반 정도는 이미 고령으로 은퇴한 사제들이었다. 규모가 큰 본당에도 보좌신부가 있는 경우가 드물고, 필리핀이나 인도에서 온 외국인 신부들이 본당을 맡은 경우도 있었다.

 결코 전통적인 의미의 선교사(Missionary)는 아니었지만 손님 신부로 낯선 본당을 방문할 때 스스로를 한국에서 온 선교사라고 소개했었다. 한국 하면 아직도 전쟁을 먼저 떠올리는 사람들에게 "한국에서 온 선교사"라는 말은 꽤 기이한 단어로 들렸나 보다. 실제로 미사를 드린 뒤 인사할 때 당신이 어떤 종류의 선교사냐고 묻는 신자도 있었다. 보좌신부로 있던 본당의 부설 학교는 꽤 규모가 커서 유치원부터 중학교까지 있었고, 일주일에 한 번 700여 명 학생들이 미사를 드리러 성당에 줄 맞춰 걸어왔다. 교실마다 가서 인사하는 데도 수개월이 걸렸다. 아이들은 한국에서 전화기는 쓰는지, 자동차를 운전하고 다니는지 등을 물었다. 이웃에서 한국 입양아˙를 흔하게 만났던 선생님들도 궁금해하는 눈치였다.

미국보다 가난한 나라에서 온 선교사는 당연히 그네들에게 물질적인 도움을 주기 힘들었다. 말이 서툰 신부였기에 신자들에게 무슨 큰 가르침을 전하기도 쉽지 않았다. 거울에 비치는 내 얼굴이 낯설게 느껴지던 시절, 미국 선교사로 지냈던 몇 년의 시간 동안 그리스도교 선교의 의미를 자주 많이 고민했었던 것 같다. 사람들이 한국을 잘 모른다고 속상해하다가도, 직접 만들지 못해 미안하다며 한국 식당의 음식을 가져다 준 그곳 사람들을 만나면서 선교사는 어떤 존재인가를 자문했었다. 2000년 전쯤 복음을 선포하고 전파하기 위해 먼 고장과 아주 먼 나라를 순례했던 예수님의 제자들은, 그리스도교의 첫 번째 선교사들은 어떤 마음이었을까?

함제도 신부님에 대한 말씀을 나누다가 교구장 주교님께서 구술사를 해 보는 것이 어떻겠냐는 의견을 주셨다. 신기하게도

• 미네소타는 미국 안에서도 한국 전쟁 참전 군인이 가장 많은 지역 중 하나로 꼽힌다. 내가 본당을 떠나던 2010년경에도 한국 고아들을 입양하는 사람들을 종종 만났다.

함 신부님의 구술사는 작년 초부터 교류하며 알게 된 이향규 교수가 직전에 제안했던 작업이었다. 구술사를 해 본 적이 있는 북한학 전공 연구자들을 찾았는데, 연구소 모임 회원인 고민정과 김혜인이 참여하기로 했다. 이 교수가 책임을 맡고 젊은 연구자들이 공조하는 함제도 신부님 구술사 프로젝트가 시작된 것이다.

함 신부님의 소속인 메리놀회는 한국 천주교회에서 "북한 교회"를 얘기할 때 빼놓을 수 없는 미국 외방전교회이다. 현재 우리 연구소가 위치한 민족화해센터와 참회와 속죄의 성당도 일제 강점기 시절 메리놀회의 신부님들이 평안도에 지었던 성당들의 모습을 본떠 지은 것이다. 1922년 11월 교황청으로부터 평안도의 포교권을 위임받은 메리놀회는 평안도 지역에 총 51명의 선교사를 파견했다. 20여 년 사이에 21개의 본당을 설립하는 등 선교에 큰 성과를 거두었다. 하지만 태평양 전쟁이 발발하면서 1942년 6월까지 선교사 전원이 미국으로 강제 추방당하고 만다.

1960년에 한국에 도착한 함 신부님은 1920~30년대 평안도 지역에서 활동하셨던 선배 선교사들과 오랜 세월을 함께 보내셨고 한국 천주교회가 북한 천주교회와 교류하는 데도 깊이 관여하셨다. 또한 최근에도 결핵 환자를 돕기 위해서 북한을 종종 방문하신다. 선교사 함제도 신부님의 구술사를 진행하면 북한 천주교회 역사와 최근에 했던 교류를 더 자세히 알아볼 수 있겠다는 생각이 들었다. 북한 선교에 대한 전망이 조금 더 구체적으로 그려지면 좋겠다고 바랐다.

수고와 재미가 어우러진 프로젝트가 마무리되면서 북한 선교라는 말이 조금 더 구체적인 모습으로 다가왔다. 북한 교회의 재건이 아닌 한반도의 복음화를 위해서는 북한을 아는 정보도 필요하지만 서로를 이해하려는 마음이 더 중요하다는 확신을 얻게 된 것이다. 북한을 그리고 우리를 선교하기 위해서는 그리스도교 선교의 의미에 대한 성찰이 필수적이다. 이제 한국 천주교회는 첫 번째 사명인 선교에 대해서 근본적인 물음을 던져야 한다. 그리스도교가 신앙하는 복음, 평화의 기쁜 소식은 어떻게 전해져야 하는가?

지난해 무더웠던 여름에 시작해서 가을, 겨울, 봄이 지나고, 다시 돌아오는 여름까지 수고해 주신 연구자들, 그리고 멋진 책을 만들어 주신 편집자들께 깊은 감사를 드린다.

가톨릭동북아평화연구소

소장 강주석 베드로

이 이야기를 함께 만든 사람들.
왼쪽부터 강주석 신부, 김혜인, 이항규(스크린),
함제도 신부님, 고민정

함제도 신부가 선교사로 살아온 길

~~~~~~~~~~~~~~~~~~~~~~~~~~~~~~~~

1933. 8. 15.	미국 필라델피아에서 출생
1947~1951	메리놀 소신학교
1951~1955	메리놀 신학교
1955~1956	수련 기간
1956~1960	메리놀 신학교. 교육학 석사
1960. 4. 17.	선교지로 한국 파송 결정
1960. 6. 11.	뉴욕 메리놀회에서 사제 서품
1960. 8. 29.	한국 도착(인천 월미도)
1961~1969	청주교구 제임스 파르디 주교 비서
1961~1963	성심고아원 원장
1961~1963	청주대학교 영어 강사
1964~1966	청주교구 북문로본당 주임신부
1966~1982	청주교구 수동본당 주임신부
1970~1989	청주교구 총대리
1980. 4. 17.	교회와 교황을 위한 훈장(Pro Eccelsia et Pontifice) 서훈

1982~1989	청주대학교 영어 강사
1982~1989	청주교구 괴산본당 주임신부
1982~1983	청주성심맹인학교 교장
1986~1989	공군사관학교 영어 강사
1989. 10~2019. 4.	메리놀회 한국 지부장
1998~현재	북한 결핵 환자를 위한 인도적 지원
2003~현재	유진벨 재단 이사
2005~2015	민족화해주교특별위원회 총무
2004~2015	국제 카리타스 북한 프로젝트 감독
2010. 5. 9.	금경축 미사(청주 수동성당)
2013. 2. 19.	영주권 취득(F5 비자)
2017. 8. 1.	콜럼버스 기사단의 "기쁨과 희망상(Gaudium et Spes Award)" 수상
2019. 8~12.	가톨릭동북아평화연구소 구술 생애사 프로젝트

선교사의 여행
남북한을 사랑한 메리놀회 함제도 신부 이야기

1판 1쇄 발행 2020년 8월 13일
1판 2쇄 발행 2020년 10월 21일
교회 인가 2020년 7월 15일 천주교 의정부 교구장 이기헌 주교

구술 함제도 | 기록·정리 이향규 고민정 김혜인
펴낸이 강주석 | 펴낸곳 가톨릭동북아평화연구소
등록 2018년 6월 18일 (제406-2018-000071)
편집 김영희 김지훈 | 디자인 오필민디자인 | 표지 일러스트 이애린
주소 경기도 파주시 탄현면 성동로 111(성동로 694)
전화 031-941-6235 | 팩스 031-941-6237
전자우편 publ-cinap@hanmail.net

ISBN 979-11-964214-5-8 03230

ⓒ 함제도 이향규 고민정 김혜인 2020

* 이 책 내용의 전부 또는 일부를 재사용하려면 반드시 저작권자와
  가톨릭동북아평화연구소 양측의 동의를 받아야 합니다.
* 책값은 뒤표지에 표시되어 있습니다.